"Volkeswohl ist Fürstenlust"

Anspruch und Wirklichkeit des Fürsten

Heinrich 72. Reuß zu Lobenstein-Ebersdorf

von

Heinz-Dieter Fiedler

Herstellung und Verlag: BoD – Books on Demand, Norderstedt.
ISBN: 9783734780219

Inhalt:

1. Einführung   5

2. Heinrichs Lebensweg im Überblick   7

3. Heinrichs Charakter aus unterschiedlicher Sichtweise   9

4. Die Schlacht von Harra   17

5. Heinrichs Leidenschaft: Die Jagd   19

6. Heinrichs Leidenschaft: Pferde   20

7. Heinrichs Leidenschaft: Reisen   21

8. Heinrichs Leidenschaft: Frauen   22

9. Die Erlasse des Fürsten   24

10. Heinrichs Beziehung zur Brüdergemeine   31

11. Die Reußische Nationalhymne   33

12. Heinrichs 25jähriges Regierungsjubiläum   34

13. Die Revolution 1848   36

14. Die Abdankung   42

15. Leben im Exil   43

16. Tod und Begräbnis   56

Literatur   59

1. Einführung

Das Herrschergeschlecht der Reußen ist seit dem 12. Jahrhundert im jetzigen Thüringen beheimatet. Es ist ein weit verzweigtes Geschlecht und pflegt die einmalige Besonderheit, dass alle männlichen Nachkommen den Vornamen Heinrich erhalten. Im 17. und 18. Jahrhundert entstand eine große Zahl von Kleinstaaten, weil die Reußen im Erbfall ihr Land auf alle vorhandenen Söhne aufteilten. Später änderte man das Verfahren, so dass jeweils der älteste Sohn das Land erbte. Aussterbende Zweige wurden den bestehenden zugeschlagen, so dass sich die zersplitterten reußischen Gebiete nach und nach wieder zusammenfügten.

Obwohl sein Reich nur 7 Quadratmeilen groß war und er lediglich über etwa 16000 Untertanen verfügen konnte, war Heinrich 72. zu Lobenstein-Ebersdorf wohl einer der bekanntesten unter den vielen Grafen und Fürsten der großen Familie Reuß. Dass sein Name weit über die Grenzen seines kleinen Landes hinaus bekannt wurde, liegt hauptsächlich an seinen oft skurrilen Wortschöpfungen und Verordnungen, seiner Affäre mit der spanischen Tänzerin Lola Montez und seiner Abdankung in Folge der 1848er Revolution.

Dementsprechend zahlreich sind die Veröffentlichungen, die sich mit Heinrich 72. beschäftigen. In Zeitungen und Büchern berichten sowohl Zeitzeugen als auch Leute, die ihn nie gekannt haben, kleine und große Begebenheiten aus dem Leben dieses Mannes und beschreiben seinen Charakter. So viele Berichte es gibt, so unterschiedlich sind auch die Urteile über diesen Fürsten. Der Wahrheitsgehalt lässt sich oftmals nicht ergründen. Manche Berichte widersprechen einander - in Details oder in grundlegenden Inhalten. Gelegentlich werden Sachverhalte geschichtlich falsch dargestellt. Die meisten Erzählungen sind subjektiv gefärbt. Heinrich 72. erstrahlt bei einem Teil seiner treuen Anhänger - das waren einige seiner Diener, Beamten und sonstigen Untertanen - durchaus in einem positiven Licht. Es gibt Belege, dass der Fürst eine Menge Gutes für sein Land getan hat. Aus anderen Berichten spricht Verachtung, manchmal geradezu Hass. Auch das ist erklärlich. Heinrich 72. wurde ja während der Märzrevolution 1848 von seinem Stammsitz vertrieben, in einer Zeit, da den Herrschenden überall ihre tatsächlichen und vermeintlichen Schandtaten schonungslos vorgehalten wurden. Und vieles spricht dafür, dass Heinrich 72. häufig ein egoistischer, herrschsüchtiger und rücksichtsloser Despot war.

Der Verfasser maßt sich nicht an, ein Urteil über Heinrich 72. zu fällen. Möge sich jeder selbst ein Bild machen anhand der im folgenden zusammengestellten Erzählungen von Menschen, die dem Fürsten teils wohl, teils übel gesonnen waren. Am häufigsten wird aber der Fürst selbst zu Wort kommen - und eigene Worte sagen bekanntlich viel über den Menschen aus, der sie gesprochen oder niedergeschrieben hat.

2. Heinrichs Lebensweg im Überblick

Heinrich 72. Reuß (jüngere Linie) wurde am 27. März 1797 in Ebersdorf geboren. Er war der Sohn des Fürsten Heinrich 51. Reuß zu Ebersdorf und dessen Frau, Gräfin Luise von Hoym.

Heinrich hatte eine fünf Jahre ältere Schwester Karoline und eine drei Jahre jüngere Schwester Adelheid. Er war also der einzige Junge, sah dazu noch schmuck aus, und wurde von seiner Mutter entsprechend geliebt und verwöhnt. Das wirkte sich sicherlich nicht nur positiv auf seinen Charakter aus. Sein Vater hat sich oft beklagt, dass der 72. in der Jugend gründlich verzogen worden war. Vielleicht spielt auch die Vererbung von Seiten seiner Mutter eine Rolle, die als geistreich und exzentrisch zugleich geschildert wird.

Heinrich wurde von Kindheit an auf die Rolle des Herrschers vorbereitet. Er erhielt eine gute Ausbildung, zunächst "unter den Augen seiner Eltern" durch Hauslehrer, meistens in Dresden, wo sich seine Eltern gewöhnlich aufhielten. Als 19jähriger ging er zum Studieren nach Bern, anschließend nach Göttingen und Dresden, "wo er von einigen Geschäftsmänner Privatunterricht erhielt".

1822 starb sein Vater Heinrich 51. und Heinrich 72. übernahm als Fürst Reuß zu Ebersdorf die Regentschaft. Er war gerade 25 Jahre alt und galt als ein lebensfroher Junggeselle, dem aber auch ein exzentrisches, taktloses und rücksichtsloses Auftreten vorgeworfen wurde.

Heinrich 72. war der fünfte und letzte in der Reihe der Ebersdorfer Regenten. Die Herrschaft Ebersdorf entstand 1678, als Heinrich 10. zu Lobenstein starb. Er hatte drei Söhne, dementsprechend wurde die Grafschaft Lobenstein in drei Teile geteilt (Lobenstein, Hirschberg, Ebersdorf). Die gesamte jüngere Linie Reuß bestand damit aus den Herrschaften Lobenstein, Hirschberg, Ebersdorf, sowie den schon seit 1647 bestehenden Herrschaften Schleiz und Gera. Als 1711 die Linie Hirschberg erlosch, wurde dieses Gebiet den Grafschaften Lobenstein und Ebersdorf je zur Hälfte zugeschlagen. Die Fläche von Reuß-Ebersdorf vergrößerte sich damit von 2 auf 3 Quadratmeilen. 1803 erlosch auch die Linie Gera. Dieses Gebiet wurde aber nicht aufgeteilt, sondern unter die

gemeinsame Verwaltung von Schleiz, Lobenstein und Ebersdorf gestellt.

Heinrich 72. hat also mit seinem Regierungsantritt die Herrschaft über das Fürstentum Ebersdorf übernommen und war an der Verwaltung - und den Einnahmen - der Herrschaft Gera beteiligt. Die Regierungsgeschäfte haben ihn aber wohl nicht völlig beansprucht, so dass er im folgenden Jahr nach England reisen konnte. Die Wintermonate verbrachte er in Paris, ging dann wieder nach England und bereiste auch Schottland und Irland. Zwei Jahre nach Regierungsantritt - Heinrich war gerade in Frankreich - vergrößerte sich sein Territorium beträchtlich. Die Linie Reuß-Lobenstein war erloschen, weil Heinrich 54. zu Lobenstein ohne Nachkommen starb. Dadurch fielen das Fürstentum Lobenstein und ein weiteres Stück von Gera an Heinrich 72. Er nannte sich nun Fürst Reuß zu Lobenstein und Ebersdorf und war Herrscher über etwa 16000 Untertanen. Die Fläche seines Landes betrug 7,75 Quadratmeilen[1]. Heinrich verfügte, dass die in Ebersdorf geltenden besonderen Gesetze nun auch in Lobenstein gelten sollten und in Kollissionsfällen den lobensteinischen Gesetzen vorgehen sollten. Nach dem Tod seiner Mutter 1832, der letzten ihres Geschlechts, erbte Heinrich die umfangreichen Hoymschen Besitzungen, unter anderem die Herrschaft Droyßig, bestehend aus 24 Dörfern.

Heinrich 72. regierte 26 Jahre lang sein kleines Fürstentum, bis Reuß-Lobenstein-Ebersdorf in die Wirren der 1848er Revolution verwickelt wurde. Tief enttäuscht von seinen Untertanen, erklärte der Fürst seinen Rücktritt und ist fünf Jahre später im Exil gestorben.

3. Heinrichs Charakter aus unterschiedlicher Sichtweise

Wie die überlieferten Gemälde zeigen und Zeitgenossen berichten, war der Fürst von Gestalt und Angesicht ein selten schöner Mann. Was allerdings seinen Charakter betrifft, gehen die Meinungen weit

---

[1] Wenn man die Deutsche Meile mit 7,5 km Länge zugrunde legt, entsprechen 7,75 Quadratmeilen etwa 435 km²

auseinander. In einer von einem Höfling verfassten Charakteristik
heißt es:

> "Diesem geistreichen Fürsten ist der Stempel seines erhabenen
> Berufes schon von Natur aufgedrückt. Über die hohe, kräftige, im
> schönsten Ebenmaß gebaute Gestalt ist ein lebendiger Geist
> ausgegossen. Körper- und Seelenkräfte stehen auf gleich hoher
> Stufe, beide sind in seltener Entwicklung ausgebildet. Darum
> vermag der Fürst die größten Strapazen zu ertragen und die
> schweren Pflichten eines Regenten mit seltener Ausdauer und
> Selbständigkeit zu erfüllen. Sein Charakter ist durch die
> sorgfältigste Erziehung, vorzüglich aber durch die Schule des
> Lebens, durch eigene Tätigkeit und scharfe Beobachtungsgabe im
> Umgange mit Menschen, auf wiederholten Reisen in England,
> Frankreich, Italien, durch den Besuch aller deutschen Höfe
> ausgebildet worden. In frühester Jugend schon an Leibesübungen
> gewöhnt, hat er als Jüngling und Mann seine Körperkraft durch
> ausdauernde Beschwerden jeder Art gestählt. Ein großer Freund
> der Jagd, achtet er keine Jahreszeit und setzt sich allen
> Wechselfällen der Witterung aus, ohne zu ermüden..."

Weiter folgen Formulierungen wie "streng gegen sich selbst, gerecht
gegen die anderen", "greift unmittelbar ein, wenn Untertanen in
Gefahr, z.B. durch Feuer und Wasser", "aus Liebe zu seinen
Untertanen die Berufung auf den Thron Griechenlands
ausgeschlagen" usw.

Bezüglich der Liebe zu seinen Untertanen hat Heinrich 72. selbst
geäußert: "Könnte man mein Herz ausschneiden, man würde sehen,
jeder Blutstropfen ist dem Volke geweiht."

Ein positives Bild des Fürsten wird auch - wie könnte es anders sein -
in der ihm zugedachten Trauerrede gezeichnet. Darin sind auch die
größten seiner Verdienste um das Land aufgezählt:

> "Im schönen Verein mit dem kräftigen Körper stand der lebendige,
> strebsame Geist, der feste beharrliche Wille, der hoch gebildete
> Sinn für das Schöne, das milde Herz für die Not der Armen -
> köstliche Erbstücke seiner in Gott ruhenden Eltern. Mit diesem

Geiste, genährt durch Unterricht und Umgang, bereichert durch Beobachtung und Erfahrung erwarb er sich jenen Scharfblick, der die Verhältnisse des Lebens tief durchschaute, jene Vertrautheit mit der Wissenschaft, welcher nichts Bedeutungsvolles in ihr fremd blieb, jene Kenntnis auch dessen was seinem hohen Beruf ferne zu liegen schien. Mit seinem festen Willen wusste er Hindernisse zu beseitigen, die unüberwindlich schienen und Werke ins Leben zu rufen, deren Gelingen in Frage gestellt war. Von seinem hohen Kunstsinn zeugen die Bauten und Anlagen, welche ihm ihr Dasein verdanken, und von seiner Wohltätigkeit die Unterstützungen, die Erlasse und Bewilligungen, welche aus seiner Hand den Hilfsbedürftigen und Bedrängten so reichlich zu geflossen sind. Sein Leben war ein tatkräftiges Leben."

Auch in einem zu Lebzeiten Heinrichs erschienenen Lexikon wird der Fürst gewürdigt:

"Von der Natur mit schönen Gaben des Körpers und Geistes ausgestattet, durch eine sorgfältige Erziehung und jene Reisen trefflich gebildet, unterzieht er sich der Regierung mit Eifer und Sorgsamkeit. ...Er hat alle Steuern abgeschafft, mit Ausnahme der durch den Anschluss an den deutschen Zollverein bedingten, und einer unbedeutenden Grundsteuer, die er auf die Hälfte der bisherigen Höhe herabsetzte. Er trug Sorge für die völlige Ablösung der Frohnden, ließ Kirche und Schule seine besondere Pflege angedeihen, regelte das Kommunalwesen durch eine Städteordnung und verbesserte die Rechtspflege ."

Zu seinen Verdiensten gehörten zweifellos eine Reform der Verwaltung, eine neue Städteordnung und Verbesserung im Justizwesen. Es wurden Maßnahmen ergriffen, die öffentliche Sicherheit und Ordnung zu erhöhen. 1831 hat Heinrich 72. sogar eigenhändig eine Verfassung für sein Land ausgearbeitet, die aber von den "Ständen" (das waren die Rittergutbesitzer und der Bürgermeister von Lobenstein) abgelehnt wurde. Bedeutende Verbesserung gab es im Schulwesen. Während Heinrichs Regierungszeit entstanden zahlreiche Schulneu- und -ausbauten. Ebenso wurden mehrere Kirchen neu gebaut bzw. vergrößert. Er hat umfangreiche Baumschulen anlegen lassen, um den Obstbau im Oberland zu fördern.

Eine Idee Heinrichs, mit der Ansehen und Wohlstand des Landes verbessert werden sollte, war die Errichtung einer Kaltwasserheilanstalt in Ebersdorf im Jahr 1839/40. Er investierte erhebliche Mittel, musste aber nach zwei Jahren das Projekt wieder aufgeben, da die Kurgäste ausblieben.

Auch hat er der beginnenden Industrialisierung Rechnung getragen und den Bau verschiedener Industrieobjekte unterstützt. Heinrich hielt sich viel darauf zugute, alles zu Wohle seines Volkes zu tun. Sein häufig verkündetes Motto war: "Volkeswohl ist Fürstenlust". Stolz war er auf seine Anordnung, dass jedermann das Recht hatte, ihn sonntags und sonnabends zu sprechen.

Wie mag das Volk nun wirklich über Heinrich 72. gedacht haben? Man kann davon ausgehen, dass er von einigen seiner Untertanen tatsächlich geliebt und verehrt wurde. Größer ist aber wohl die Zahl der Berichte, die Heinrich als einen absolutistischen Machthaber beschreiben, der keinen Widerspruch duldete und auch brutal sein konnte, wenn er Widerstand verspürte oder sich über etwas ärgerte. Seine Beamten behandelte der Fürst rücksichtslos. Diese gaben häufig die Bosheiten an den Untertanen weiter, so dass eine schrankenlose Beamtenwillkür im Lande herrschte.

Ein ehemaliger Ebersdorfer Beamter, Paul Thomä, schreibt in seinen Erinnerungen über den Charakter des Fürsten:

"Er war launisch, brutal, herrschsüchtig, jähzornig bis zur Unbeherrschtheit. Es gab nur einen Willen, und das war eben nur seiner. Er hatte die Manieren eines sog. tollen Junkers und wirkte wie ein Despot, ein Überbleibsel aus vergangenen Jahrhunderten. Er war dabei ein großer Pferde- und Jagdliebhaber, ebenso ein großer Blumenfreund.

Das Dienstpersonal hatte unter den Launen viel zu leiden. Es lebte den ganzen Tag in Angst und Bange vor der geschwungenen

Reitpeitsche. Prügel haben sie alle bekommen, vom ersten
Kammerdiener herunter bis zum jüngsten Stallburschen. Wenn
der Fürst gerade seinen Rappel hatte, stand er auf dem Balkon
des Schlosses auf der Straßenseite. Ging ein Einwohner vorbei
und grüßte, ärgerte sich Heinrich und die Wache musste den
Mann fangen, worauf er eine Zeitlang eingesperrt wurde. Der
nächste, der nicht grüßte, erregte erst recht seinen Ärger und kam
auch in den "Kascho", der nie leer wurde. Den Hauptkampf führte
er mit den Fuhrleuten, die zahlreich auf der durch Ebersdorf
führenden alten Handelsstraße Nürnberg-Leipzig fuhren. Kam nun
so ein Fuhrmann mit seinem schweren Wagen peitschenknallend
am Schloss vorbei, wurde er von der Wache direkt aus der
Schoßkelle[2] heruntergeholt und einige Tage eingesperrt. Die
Unkosten durch die Verzögerung, Pferdefütterung usw. bezahlte
Heinrich gerne, die Hauptsache war, dass er jemand zum
Einsperren hatte."

Fürstl. Schloss.

---

[2] Sitz aus Korb im Pferdefuhrwerk

Besser ging es da einem namentlich nicht genannten Verfasser, der in einer Zeitschrift von 1870 seine "Erinnerungen an Reuß-Lobenstein-Ebersdorf" niederschreibt. Er erzählt, dass es für die Gymnasiasten ein besonderer Genuss war, an schönen Sommertagen das gesamte Staatsgebiet von Heinrich 72. in gemütlichem Schlenderschritt zu durchmessen. Selbst ein mittelmäßiger Fußgänger brauchte nicht allzu früh aufzustehen, um mit dem Pensum bis Sonnenuntergang fertig zu sein. Über den Besuch in Ebersdorf berichtet er unter anderem, dass das schmackhafte Konfekt im Brüderhause der Herrnhuter nie unberücksichtigt blieb.

"Es machte uns Knaben in dieser damaligen Hauptresidenz Heinrichs 72. immer einen Hauptspaß, wenn die Landeskinder die ganze Front des fürstlichen Schlosses barhaupt - so wars Gebrauch - marschieren mussten, während wir als "Ausländer" und noch dazu Angehörige eines größeren Staates an unsern "Deckeln" nicht zu rühren brauchten."

Heinrichs Hochmut zeigte sich auch darin, dass er sich sofort nach seinem Regierungsantritt in allen Verfügungen als "regierenden und souveränen Fürsten" bezeichnete und sich trotz der Kleinheit seines Landes mit den anderen Herrschern auf eine Stufe stellte. Häufig ließ er die Äußerung hören: "Der Kaiser von Österreich ist auch nicht mehr als ich". Im März 1848 äußerte er die Absicht, nach Frankfurt zu gehen und sich als deutschen Kaiser ausrufen zu lassen. Sein Hochmut und kalter Egoismus trafen natürlich die am meisten, die ihm am nächsten standen, die Hofdienerschaft, die Beamten und die Offiziere. Einen alten Diener, der schon bei seinem Vater Tafeldecker gewesen war, schlug er mit der geballten Faust aufs Auge, dass dasselbe schwarzblau unterlief. Als der Fürst ihn am nächsten Tag nach Lobenstein schicken wollte, sagte der Diener:

"Nein, das will ich Eurer hochfürstlichen Durchlaucht nicht zu Leide tun, denn käme ich nach Lobenstein, wo die Leute wissen, dass ich nicht der Mann bin, der sich in Schänken herumprügelt, so sähen sie gleich an meinem Auge, dass Euer Durchlaucht mich geschlagen hätten, und ich möchte doch nicht gern, dass sie das erführen."

Auch höhere Beamte waren nicht vor Beleidigungen und Misshandlungen geschützt.

Vielleicht war deshalb in diesem Reußenland ein besonders unterwürfiger Ton zu verzeichnen, wie z.B. in dem folgenden ärztlichen Bulletin des Hofarztes Dr. Klinger 1848:

"Die ununterbrochene und mit raschen Schritten vorwärts eilende Rekonvaleszenz unseres Theuersten Fürsten und Landesvaters geben der Hoffnung Raum, Höchstderselben völlige Genesung nun bald beglückwünschen zu können. So heftig auch diese Krankheit anfänglich sich äußerte und auf den Hohen Herrn einstürmte; so wurde dieselbe doch, wider alles ärztlich Erwarten, von der kräftigen Organisation und Standhaftigkeit, mit welcher Serenissimus alle diese Leiden ertrug, bald gebrochen. Seine Durchlaucht befinden Höchstsich nun schon des Tags außer Bett und beschäftigen Höchstsich bereits wieder mit Lektüre. Serenissimus haben auch wieder guten Appetit und, wenn auch der Schlaf sich oft später einfindet, so erwachen Höchstdieselben jedoch gestärkt und heiter."

Aus verschiedenen Quellen ist überliefert, dass Heinrich auf einer seiner Reisen einen Postillon, der ihm zu langsam fuhr und es wagte, dem Fürsten zu widersprechen, eigenhändig vom Kutschbock herunter schoss bzw. stach.

Seinen Schwager, den Schleizer Fürsten Heinrich 67., Gatte seiner Schwester Adelheid, hat der 72. einmal zu einem Duell herausgefordert. Ein anderes mal sagte er, die Heirat mit diesem Fürsten sei für seine Schwester eine "Mesalliance" (unstandesgemäße Heirat).

Zu einigen Soldaten, die auf der Jagd als Treiber eingesetzt waren und sich dabei ungeschickt anstellten, sagte er: "Ihr Kerls glaubt wohl, ich brauche erst Jemand, um Euch totschießen zu lassen? Hier ist mein Schrotgewehr und mit dem will ich Euch so viel Blei in den Leib jagen, das Ihr genug haben sollt."

Ein Leutnant von S. hatte im Jahr 1847 sechsunddreißig bange Stunden neben seiner Frau bei deren schwerer Entbindung zugebracht. Nachdem das Kind glücklich zur Welt gebracht war, hatte er einige Stunden geschlafen. Plötzlich wurde er geweckt und zum Fürsten befohlen. Als er eintrat, wurde er vom Fürsten angefahren: "Wie kommt es, dass Sie mir das erfreuliche Ereignis der Niederkunft Ihrer Frau nicht gleich gemeldet haben?" - "Euer Durchlaucht, ich bitte untertänigst um Verzeihung! Ich war eingeschlafen, nachdem ich sechsunddreißig Stunden lang am Bette meiner armen, schrecklich leidenden Frau zugebracht hatte." - "So. Sie sind wohl eine Habamme geworden?" - "Durchlaucht, ich bin ganz bestürzt..." - "Was? Bestürzt? Und Sie wollen Offizier sein? Gehen Sie!"

Ein Jahr später ließ der Fürst sein Militär in Lobenstein anrücken, als es dort zu Unruhen unter den Arbeitern kam. Der Fürst trat zu dem oben genannten Leutnant und fragte ihn in Gegenwart der Soldaten: "Sie sehen ja recht blass aus, mein lieber S., haben Sie vielleicht keine Courage?"

Der Oberforstmeister v. B. erhielt die Nachricht, das seine Stiefmutter im Sterben liege und ihn noch einmal zu sehen wünsche. Er bat den Fürsten um Urlaub, doch der entgegnete barsch: "Jetzt, wo der Hirsch schreit? Jetzt kann ich Sie nicht entbehren!" Auf weitere Bitten sagt er: "Es ist ja noch dazu nur Ihre Stiefmutter. Nichts, nichts!"

Auf diese Weise ist Heinrich wohl mit den meisten seiner Beamten verfahren. Sein hochmütiges, hartherziges Benehmen war die hauptsächlichste Ursache für eine Missstimmung unter den Beamten und dem ganzen Volke gegen ihn, die nach und nach immer mehr zunahm. Er duldete nicht den geringsten Widerspruch. Selbst sinnvolle Vorschläge seiner Beamten waren ihm unangenehm und er wies oft die bestgemeinten mit abstoßenden Wort zurück, weil es ihn verdross, dass irgend etwas Nutzbringendes nicht ausschließlich von ihm ausgehen sollte.

Seine Beamten haben erst, nachdem Heinrich abgedankt und sich aus Ebersdorf entfernt hatte, frei aufgeatmet. Im Scherz meinten sie, die in der Nähe Heinrich 72. verbrachten Jahre müssten ihnen doppelt angerechnet werden.

4. Die Schlacht von Harra

Ein markantes Ereignis ziemlich am Anfang von Heinrich 72. Regierungszeit war die "Schlacht von "Harra". Auch darüber gehen die Berichte weit auseinander. Die verlässlichste Auskunft geben wohl die Schilderungen von Berthold Schmidt (Schleiz) und Rektor Auerbach (Gera), die die Vorfälle sorgfältig untersucht haben. Kurze Zeit nach der Regierungsübernahme im Sommer 1824, ließ Heinrich das Steuersystem verändern. Es wurde eine Klassensteuer eingeführt, die den Grundeigentümern eine geringe Erleichterung brachte, die aber die armen Bergleute, Eisenarbeiter und Fabrikarbeiter, die den größten Teil der Landesbewohner ausmachten, schwer belastete. Im selben Jahr wurde die Versicherung aller Gebäude vorgeschrieben, und zwar bei der Magdeburger Versicherungsgesellschaft. Der Fürst wollte dadurch erreichen, dass bei den damals häufigen Brandfällen nicht die öffentliche Fürsorge eintreten müsse und er von Bettelbriefen verschont bliebe.
Die Bauern waren durch hohes Lehngeld, Frohnbefugnisse der Rittergutbesitzer und häufig geforderte Forst- und Jagdeinsätze stark belastet. Der hohe Wildbestand und die dadurch verursachten Schäden gaben häufig Anlass zur Unzufriedenheit. Die Einführung dieser Zwangsversicherung brachte nun das Fass zum Überlaufen. Unmittelbarer Anlass für die jetzt ausbrechenden Unruhen waren die hohen Brandversicherungsbeiträge von 1/3 Prozent des versicherten Gebäudewertes für die erste Jahreshälfte 1826. Viele konnten die Beiträge nicht bezahlen, so dass diese Hausbesitzer gepfändet wurden. Die Harraer aber ließen sich nicht pfänden und wehrten den Vollsteckungsbeamten samt seinem militärischen Schutz ab. Am 6. Oktober versammelte sich eine große Anzahl von Bauern im Dorfe Harra. Daraufhin wurden Reußische Soldaten aus Ebersdorf und Schleiz nach Harra geschickt. Der kommandierende Offizier hatte den Befehl, bei tätlichem Widerstande Gewalt zu gebrauchen und im

Notfalle zu schießen. Die Soldaten marschierten ein, die Bauern strömten zu Hunderten zusammen und die Soldaten erhielten den Befehl, scharf durchzuladen. Als der fürstliche Polizeidirektor von Flotow die Dorfbewohner aufforderte, ruhig auseinander zu gehen, rief jemand aus der Menge: "Nein, wir gehen nicht, wir stehen alle für einen Mann."

Sofort rief Flotow: "Wer war der Kerl? Holt ihn heraus!" Daraufhin warf sich ein Oberleutnant mit blankem Säbel auf die dicht zusammen gedrängten Bauern. Diese wehrten sich und drangen auf den Oberleutnant ein. Mehrere Soldaten eilten ihm zu Hilfe. Die Aufständischen beschimpften nun die Soldaten und versuchten, ihnen die Gewehre zu entreißen. Sie warfen mit Steinen und schlugen mit Knüppeln. Hierauf schoss das Militär, ohne dass ein Kommando dazu ergangen war, in die dichte Menge. Als die Bauern flohen, wurden sie von den Soldaten verfolgt, die mit den Bajonetten auf sie einstachen. Neun Mann waren sofort tot und vierundzwanzig verwundet. Von den Verwundeten starben noch sieben. Es gab einen großen Aufruhr im Lande. In den Dörfern rotteten sich die Bauern zusammen, bewaffneten sich mit Spießen, Floßhaken usw., zogen durch die Dörfer, wo sie jenen, die nicht mittun wollten, die Fenster einschlugen. Sie drohten, Lobenstein anzuzünden, wenn die Lobensteiner nicht mitmachen würden. Diese aber blieben standhaft, und bald kam militärische Verstärkung, so dass die Aufständischen schließlich wieder nach Hause in ihre Dörfer gingen. Heinrich kommentierte die Ereignisse mit den Worten: "Das kommt davon, wenn die Leute nicht folgen. Und wenn es nun

Den Opfern der „HARRAER SCHLACHT" vom 6. Oktober 1826 gegen Fürstenwillkür und Unterdrückung gewidmet.

noch nicht ruhig im Lande wird, lasse ich die böhmischen Schnauzbärte kommen." Damit meinte er die österreichischen Husaren. Eine Untersuchung der Vorfälle wurde bald niedergeschlagen. Herr von Flotow wurde aus dem Reußischen Dienst entlassen. Ein Hauptmann Monstab, der einem Bauern, der sich den Schuh zuband, mit dem Säbel den Schädel spaltete, erschoss sich später.

5. Heinrichs Leidenschaft: Die Jagd
Heinrich hatte vier große Leidenschaften: Jagd, Pferde, Frauen, Reisen.

Das waren alles recht teure Hobbys, aber bei Heinrich saßen die Taler locker, denn er hatte ja genügend davon.

Aus der Leidenschaft zur Jagd entstanden riesige Schäden, einmal durch den großen Wildbestand und dann durch die häufigen Jagden selbst. Zwar zahlte Heinrich beträchtliche Summen für Wildschäden (bis 12 000 Taler pro Jahr), aber viele blieben unentschädigt, weil die Verteilung nach fürstlicher Gunst erfolgte. Ein Gutsbesitzer aus Heinersdorf ist dadurch von einem wohlhabenden zu einem armen Mann geworden. Noch härter traf es sicherlich die kleinen Bauern. Dementsprechend wuchs die Unzufriedenheit im Lande. Schäden an Gehölzen und Wiesen wurde gar nicht vergütet, ebenso alles, was bei der Jagd zertreten und verdorben wurde. Wohl aber ließ der Fürst, wenn ein Bauer einmal darüber murrte, den Unzufriedenen gleich in seiner Gegenwart mit der Hundepeitsche oder mit Ohrfeigen bestrafen. Er konnte grausam, aber auch großzügig sein, je nach Laune, die man vorher nicht einschätzen konnte. Nach einer überlieferten Anekdote hatte Heinrich einen Leibjäger namens Werner. Der hatte eine zahlreiche Familie, die er mit seinem bescheidenen Gehalt nur mühsam ernähren konnte. In seiner Not richtete er ein Gesuch um eine Gehaltserhöhung an den Fürsten. Der Fürst schrieb an den Rand des Gesuchs: "Der Kerl bekommt nichts." Kurze Zeit später war der Fürst mit dem Leibjäger auf Pirschgang. Der Weg führte sie an einem saftigen Kleefeld vorbei, auf dem einige Rinder weideten. Der Leibjäger, hinter dem Fürsten hergehend, redete hörbar vor sich her: "Ein Ochs möcht ich sein, ein Ochs möcht ich sein." Der Fürst drehte sich um und fragte barsch "Warum?". Die Antwort lautete "Damit ich mich einmal richtig satt fressen kann." Ab dem nächsten Monat bekam er eine ansehnliche Gehaltserhöhung.

Heinrich 72. baute für 80 000 Taler das Jagdschloss Weidmannsheil. In den Galerien des Ebersdorfer Schlosses wurden mehr als 300 Hirschgeweihe gezeigt, jeweils mit dem Datum, an welchem der Fürst das Wild geschossen hatte. In einer Zeitschrift aus dem Jahr 1839 ist über das Schloss folgendes zu erfahren: "das Fürstliche Residenzschloss hat eine sehr elegante und vorzüglich geschmackvolle Einrichtung. Bemerkenswert sind in demselben eine ansehnliche Bibliothek, mit vielen neuen, besonders ausländischen Schriften und kostbaren Kupferwerken, eine ausgezeichnete und starke Sammlung von Kupferstichen und schönen Lithographien, ein ornithologisches Kabinett; außerdem enthält das Schloss viele andere seltene und sehenswerte Kunstgegenstände, unter denen eine vorzüglich schöne Spieluhr zu bemerken ist." Ferner heißt es: "Bemerkt zu werden verdient, dass alle Anlagen um Ebersdorf in dem besten Zustande sind und mit großer Sorgfalt erhalten werden; die Liberalität des Fürsten erlaubt gern den Eintritt in den Garten und in die Anlagen; auch das Residenzschloss mit seinen zahlreichen Merkwürdigkeiten wird oft von Reisenden besehen."

6. Heinrichs Leidenschaft: Pferde

Eng mit der Jagd verbunden war Heinrichs Leidenschaft für Pferde. Heinrich ließ für seine Pferde, gewöhnlich hatte er etwa dreißig, mit großen Kosten einen prächtigen Marstall bauen, in dem auch eine Reithalle und Platz für die Kutschen war. Heinrich hielt sich die besten Vollblutpferde und verlangte von diesen, was überhaupt heraus zu holen war. Geritten ist er wie der Teufel und wenn er mit der Kutsche ausfuhr, dann nur vierspännig.

Heinrichs ständiger Begleiter war sein Leibreitbursche, der Jägers Karl.

7. Heinrichs Leidenschaft: Reisen

Das Leben in Ebersdorf bot außer Reiten, Jagen und dem Drangsalieren der Dienstboten wenig Abwechslung für Heinrich. Es wird gesagt, dass er gewöhnlich nicht vor 12 Uhr mittags aufstand, mit niemandem Umgang hatte und zu niemandem Vertrauen hatte. So suchte er häufig Zerstreuung bei Reisen. Aber er war kein gewöhnlicher Reisender, sondern machte immer auf "großer Herr", wie es sich nun mal für einen souveräner Fürsten gehört. Manche Reise kostete dann auch 50 000 Taler, für die damalige Zeit eine Menge Geld. Heinrich hat nur das vom Ebersdorfer Bäcker Klemm gebackene Brot gegessen. Dieses wurde auch auf seinen Reisen mitgenommen. Einmal, als der Fürst seinen Vetter in Gera besuchte, hatte der Koch das Brot vergessen. Niemand getraute sich, das dem Fürsten zu melden. So wurde der Jägers Karl nach Ebersdorf geschickt. Er soll die etwa 130 Kilometer in sieben Stunden zurück gelegt haben und brachte das Klemm-Brot pünktlich zum Mittagessen nach Gera. Eine andere Episode erzählt davon, dass Heinrich auf einer seiner kostspieligen Reisen einmal in Neapel bei König Bomba zu Gast war.

Heinrich erschien in einem sehr elegant gearbeitetem grünen Samtrock. "Der Rock kleidet Durchlaucht vortrefflich." sagte der ebenfalls anwesende Prinz von Capua, um etwas Schmeichelhaftes zu sagen. Heinrich erwiderte: "Ich habe in meiner Residenz einen, der ist noch schöner." Damit war die Unterhaltung beendet. Aber Heinrich schickte umgehend einen Spezial-Kurier nach Ebersdorf, um diesen Rock zu holen. Das waren 10 oder 12 Tage hin und ebenso viele wieder zurück. Und danach erschien Fürst Reuß in einem anderen, sehr schönen Pariser Samtrock bei Hofe und bewies, dass ihn dieser Rock noch besser kleide.

8. Heinrichs Leidenschaft: Frauen

Es wurde schon gesagt, dass Heinrich 72. ein Liebhaber der Frauen war. Dabei ist ihm seine äußerliche Erscheinung sicher sehr zugute gekommen.

Weit über die Grenzen Deutschlands hinaus bekannt ist Heinrichs Affäre mit der spanischen Tänzerin Lola Montez. Darüber ist sehr viel geschrieben worden, auch sehr viel Widersprüchliches. Es gibt Bücher, Filme und Zeitzeugenberichte. Lola Montez selbst hat ihre Lebensgeschichte aufgeschrieben. Deshalb soll dieses Ereignis hier nur kurz umrissen werden.

Lola Montez war Tochter eines schottischen Offiziers, trat aber als spanische Tänzerin auf und verdrehte einigen bedeutenden Männern ihrer Zeit den Kopf, u.a. Franz Liszt. Heinrich 72. hatte sie in London kennen gelernt und nach Ebersdorf eingeladen. Im Juli 1843 erschien

sie tatsächlich und wurde mit großem Pomp empfangen. Ob Heinrich Lola im engeren Sinne zu seinen Eroberungen zählen durfte, ist nicht überliefert. In Ebersdorf kursierte jedenfalls folgende Anekdote: Heinrich und Lola sitzen verliebt beieinander und Heinrich flüstert ihr ins Ohr: "Oh Lola, du meine Einzige." Und Lola flüstert zurück: "Oh Heinrich, du mein Zweiundsiebzigster.".

Heinrich veranstaltete Lola zu Ehren Ausfahrten, Jagden und Feste, unter anderem auf dem

Jagdschloss Weidmannsheil. Dabei benahm Lola sich sehr schlecht, schikanierte und schlug das Personal, hetzte Heinrichs Hund auf die Schulkinder, spottete über manches Arrangement, das sich Heinrich für sie ausgedacht hatte und köpfte reihenweise Heinrichs Lieblinge, die wertvollen exotischen Blumen. Als Heinrich sie am vierten Tag ihres Aufenthalts wegen ungebührlichen Benehmens vor anderen Leuten zurechtwies und brüllte: »Madame! Ich bin hier der Herr!«, antwortete sie: »Und ich bin die Mätresse.« Daraufhin ließ ihr Heinrich bestellen, dass sie innerhalb von 24 Stunden das Land zu verlassen habe, was sie mit der spöttischen Bemerkung zur Kenntnis nahm, dass sie dafür nur eine Viertelstunde benötigen würde. Immerhin wurde ihr der Abschied durch ein Reisegeld von 2000 Talern versüßt. Einige Jahre später beglückte Lola den bayerischen König Ludwig I. Sie löste in München Tumulte aus, was letztlich zur Abdankung Ludwigs führte.

Vielleicht nicht in diesem Fall, aber sehr häufig ging Heinrich auch bei der Eroberung der Frauen brutal und rücksichtslos vor. Warum er nicht geheiratet hat, ist nicht bekannt, aber vermutlich wussten die standesgemäßen Fürstentöchter schon, auf was sie sich da eingelassen hätten. Einen übleren Schürzenjäger gab es wohl kaum. Ein anständiges Mädchen riskierte es nicht, bei Tage am Schloss vorbei zu gehen. Denn es musste gewärtigen, allerhöchstes Wohlgefallen zu erregen und ins Schloss befohlen zu werden. Es gab aber auch Mädchen, die sich ganz gerne einladen ließen. Und auch sonst hat sich der Fürst gründlich in seinem Lande umgesehen und sich manche schöne Jungfrau auserwählt. Vater spielen wollte der 72. allerdings nicht so gern. Eine häufig angewandte Lösung war, dass für eine solche "fürstlich gesegnete Jungfrau" ein Mann beschafft wurde, der einen kleinen Posten erhielt und nun den Nachwuchs mit fürstlichem Blut mit aufziehen musste. Über die Zahl der auf diese Weise versorgten fürstlichen Nachkommen ist nichts Genaues überliefert. Zusätzlich zu dieser Zahl muss man sicherlich die "sechs unversorgten Kinder" rechnen, die Heinrich in seinem Testament bedacht hat.

9. Die Erlasse des Fürsten

Der Fürst hatte seine ganz spezielle Art zu sprechen und sich auszudrücken. Mündlich bevorzugte er kurze Sätze, sprach häufig in Halbsätzen und Stichpunkten. Seine Reden waren oft pathetisch, von kräftigen Floskeln und Einfügungen durchsetzt - soweit das überliefert ist. Seine schriftlichen Äußerungen sind in großer Zahl erhalten geblieben und haben eine gewisse Berühmtheit erlangt. Der Fürst machte es sich zur Gewohnheit, seine zahlreichen Erlasse selbst in seinem ihm eigenen Stil zu formulieren. Und genau so, wie er es geschrieben hatte, musste es veröffentlicht werden. Kein Komma durfte geändert werden.

Am bekanntesten ist vielleicht der folgende Erlass, mit dem Heinrich zum Schöpfer eines Wortes wurde, welches heute noch benutzt wird: Prinzipienreiter. Für den Umgang seiner Bediensteten und Beamten untereinander legte er fest:

> „Ich befehle hiermit Folgendes ins Ordrebuch und in die Spezial-Ordrebücher zu bringen: Seit 20 Jahre reite Ich auf einem Prinzip herum, d. h. Ich verlange, dass ein jeglicher bei seinem Titel genannt wird. Das geschieht stets nicht. Ich will hiermit also ausnahmsweise eine Strafe von 1 Thaler festsetzen, der in Meinem Dienst ist, und einen Andern, der in meinem Dienst ist, nicht bei seinem Titel oder Charge nennt."

Die skurrilen Formulierungen Heinrichs wurden damals in den deutschen Zeitungen auch außerhalb der Reußischen Länder gern veröffentlicht und so hat schließlich das "auf einem Prinzip herum reiten" bzw. der "Prinzipienreiter" Eingang in die deutsche Sprache gefunden. Selbst bei Karl Marx ist es zu finden:

> "Heinrich XLII. von Reuß-Schleiz-Ebersdorf reitet nun auch an die zwanzig Jahre auf seinem "Prinzip" herum."[3]

Allerdings macht hier Karl Marx, dessen Wissenschaftlichkeit noch vor einigen Jahrzehnten über jeden Zweifel erhaben war, gleich zwei Fehler. Denn es handelte sich ja nicht um den 42., sondern den 72.

---

[3] Karl Marx: Die moralisierende Kritik und die kritisierende Moral, Beitrag zur Deutschen Kulturgeschichte, Geschrieben Ende Oktober 1847.

Heinrich, und der regierte nicht in Schleiz-Ebersdorf, sondern in Lobenstein-Ebersdorf.

Auch eine andere Begebenheit ging seinerzeit durch die Zeitungen der deutschen Länder. Im Amts- und Regierungsblatt für das Fürstentum Reuss-Lobenstein-Ebersdorf 1845 erschien folgender Text:
> "Serenissimus hat die hohe Gnade zu haben geruht, die Wehrmänner zu Hirschberg, sechs an der Zahl, welche zu dem in Tonna ausgebrochenen Feuer geeilt und mit der aufopferndsten Bereitwilligkeit Dienst geleistet hatten, öffentlich, vor der Fronte Allerhöchstselbst gnädigst zu beloben und dem ältesten derselben (nachdem er sich durch den Taufschein als solcher ausgewiesen) zum Zeichen Allerhöchstihrer höchsten Zufriedenheit und Anerkennung höchsteigenhändig die Hand zu reichen."

Das war für Heinrich Hoffmann von Fallersleben Anlass, das folgende Gedicht zu schreiben.

Es hat in unseren Tagen
sich Großes zugetragen.
Jetzt höret die Geschichte!
Wahr ist, was ich berichte.

Verdient gemacht hat sich neulich,
das ist gar sehr erfreulich,
die Landwehr bei einem Brande
im großen Reußenlande.

Als das der Fürst vernommen,
sind Allerhöchste gekommen,
und haben dann in Gnaden
die Soldaten vorgeladen.

Sechs Landwehrmänner stehen
in Front, schön anzusehen.
Serenissimus loben jeden
in gnädigst holden Reden.

Dann lassen sie sich höchsteigen
vom ältesten den Taufschein zeigen
und reichen ihm höchstverständigst
die Hand höchsteigenhändigst.

O Nation der Nationen,
wo man noch weiß zu belohnen!
O wär ich doch auch so einer,
ein Greiz-Schleiz-Lobensteiner!

Heinrich 72. erteilte, wenn er es für erforderlich hielt, auch den
Geistlichen seines Landes die nötigen Anweisungen:
 Fürstlicher Erlass an die Kirchen- und Schulkommission zur
 Mitteilung an die sämtlichen Geistlichen.
 Ich habe die Ansicht, dass in Berücksichtigung des Gottessegens
 heutiger Ernte (doch fällt mir eben bei, dass ein
 Polizeidirektionsbericht vor uns liegt, die Ernte sei schlecht! wer
 hat Recht??), dass also, sage ich, jetzt von der Kanzel ein ernstes
 Wort trefflich an seinem Orte sei, nämlich so: die Herren
 Geistlichen würden in ihrer Danksagung an den Himmel ein
 Thema finden, das Publikum aufzufordern, des Himmels Segen
 nur durch Worte des Dankes zu verehren, die sich dadurch kund
 tun, dass man sein Pflichten gegen seine Mitmenschen und
 überhaupt besser ins Auge fasse, vorzugsweise durch Befolgung
 des Gebots: "Du sollst nicht stehlen." Ist ein reichhaltiges Feld!
 Nicht-Befolgung Vorgedachtes scheint mir zu diesem Augenblick
 in den letzten Jahren epidemische Sünde geworden zu sein. Indem
 es unnötig, den Herren Geistlichen nur einen Grundzug zu
 diesem, wie gesagt, reichhaltigen Texte vorschreiben zu wollen,

sage ich nur, das ernste Wort von der Kanzel dürfte sich überall nach der Örtlichkeit modifizieren, z.B. in Waldorten über Wild- und Holzdiebstahl, in Lobenstein und Ebersdorf über die Sünden, die ihren Grund in der tiefen Liederlichkeit und Demoralisation fänden. Ich würde als Pfarrer schließen: "Schickt, ihr Gottvergessenen, eure Kinder in die Schule! Das Land, eure Mitbürger und euer Landesherr tun genug für selbige, damit ein besseres Geschlecht für die Zukunft heranwächst." Schloss Ebersdorf, den 15. Oktober 1844. Heinrich 72.

Es ist schon gesagt worden, dass der Park gewöhnlich für Besucher offen stand und auch das Schloss besichtigt werden konnte. Der Fürst hat eigenhändig eine Anweisung dafür verfasst.

A

Alle "anständigen" Fremden ohne Unterschied können während meines Aufenthaltes hier zu jeder Tagesstunde das Schloss und seine Umgebung besuchen.
Wollen Genannte das Innere sehen, so melden sie sich beim Torwärter. (Es ist immer ein Torwärter da.)
Bei dem Torwärter erfahren die Fremden das Nötige.
Da ich hier von anständigen Fremden rede, so nehme ich an, dass sie nichts Unanständiges begehen, z.B. keine schweren Stöcke, Hunde, keine schmutzigen Stiefel, Worte, Lieder etc., Narrenhände etc.
Wünscht jemand in den Anlagen herumgeführt zu werden, so kann er bei dem Hofgärtner darum bitten. Doch kann und soll Niemand in dem Besuch der Anlagen gehindert sein.
B
Hiesiges anständiges Publikum wie ad A.
Mit dem Unterschied, dass es die Fähnlein, die den Durchgang verbieten, zu beachten hat, dass Sonntags vorzugsweise dem Besuche gewidmet ist.

Mit der Dunkelheit hört der Besuch auf. Warum? Weil dann die Begriffe "Anständig" und "Unanständig" sich verwirren.

C

Auf Tinz oder dessen Gärten findet Obiges Beziehung, mit der Bemerkung, dass dort die Fasanerie besondere Berücksichtigung verdient.

Schoss Osterstein, den 25. Septr. 1844   H.72

Genau so erschien dieser Erlass in der Geraischen Zeitung.

Als einmal Diebe in der Nacht die fürstliche Steuerkasse in Lobenstein um viele Taler erleichtert hatten, schrieb Heinrich in seiner Entrüstung am anderen Morgen den folgenden Erlass:
"Seit 20 Jahren wieder zum ersten Mal an meine Regentschaft erinnert, erfahre ich, dass Lobenstein des Nachts unbewacht schläft, während Hirschberg nicht übel diszipliniert ist.
Wenn mir auch der neueste, nur schauderhaft und scheußlich zu nennende Vorfall, ich meine die Beraubung des Steueramtes Lobenstein, nichts weniger wie unerklärlich, sondern vielmehr als sehr erklärlich erscheint, und ich sagen könnte: Es sind Behörden im kleinen Lande genug da, um dergleichen ziemlich deutliche Übelstände zu beseitigen; so ergibt sich umgedreht leider die Wahrheit: Dass besagter Vorfall Polizeizustände sogar für den Blinden herausstellt, die namenslos, d.h. mit einem Wort: Lobenstein hat gar keine Polizei und schläft unbewacht!! Wenn der Humannsche, Hohlsche, Grünersche und andere Diebstähle dies beweisen, so beweist es vorzugsweise der vorliegende. Das Steueramt mitten in der Stadt! Der Geldkasten 3 Zentner schwer! Warum ist so etwas geschehen in Lobenstein? Weil dort noch erbarmungswürdige, althergebrachte Kleinstädterei, verkuppelt mit oberländischer Lobensteiner Gedankenarmut, d.h. die Nacht schlafe ich, punkt halb 5 stehe ich auf und arbeite wie ein Zugtier

28

- herrscht, was alles der Übeltäter weiß und benutzt, weil das oberländische Sich-aufeinander-verlassen da eintritt, weil Lobenstein in seinen inneren Einrichtungen noch um 30 Jahre zurück ist, während das ganze übrige Land nicht übel diszipliniert, z.B. Hirschberg.

Vorgeschicktes macht mir also nach langen Jahren die landesherrliche Pflichterfüllung zur Pflicht, und ich will binnen hier und acht Tagen genauen Bericht haben: Wer versieht die Nacht-Sicherheits-Wache in Lobenstein im Gegensatz zur Feuerwache? Wer kontrolliert sie? Wer löst sie ab? Wer ist Nachtwächter und wie viel Mann? Wer war in jener Diebstahlsnacht von dem Aufsichtspersonal der Hauptsünder? Ich behalte mir vor, die Bestrafung desselben selbst zu verfügen. Indem ich mir übrigens nach gemachtem Vortrag weitere auf allgemein geltende Rechtsgrundsätze sich gründende Verfügungen vorbehalte, teile ich der Landesdirektion mit, dass ich bereits selbst einen Befehl über die Inspektion der Nachtwachen gegeben habe, welchen Befehl sich die Landesdirektion mitteilen lassen wird, und lasse meine vollkommene Unzufriedenheit sämtlichen Polizeibehörden, Beamten und Dienern, so wie der ganzen Bürgerschaft in Lobenstein unverhalten sein.

Schloss Ebersdorf, den 5. Mai 1845   Heinrich 72.

Eine Stelle aus diesem Erlass wurde von einem anderen Klassiker des Marxismus zitiert, Friedrich Engels:
"...wie weiland Fürst Heinrich LXXII. von Reuß-Greiz-Schleiz-Lobenstein-Eberswalde mit der Frage: wer ist Nachtwächter?"[4]

Leider kriegt es auch Engels nicht fehlerfrei hin. Zwar kommt er

---

[4] Friedrich Engels: Herrn Eugen Dührings Umwälzung der Wissenschaft, 1877

besser als Marx mit den hohen Zahlen zurecht, dafür hat er etwas größere Schwierigkeiten mit den Ortsnamen.

Und noch ein weiterer Erlass (gekürzt) nach einem Brand in Lobenstein:

"Augenzeuge des Feuers auf dem Berge in Lobenstein, spreche ich mit Freuden wiederholt aus: wie sich die Tätigkeit und Entschlossenheit unseres Völkchens auch bei dieser Gelegenheit bewährt und die Ruhe und der Gehorsam, die bei Ausführung der Löscharbeiten trefflich stattfanden. Darüber **meine** Zufriedenheit! Vor allem den Landesherrlichen und Kommunalangestellten, die da waren, aus allen Dienstzweigen und Abteilungen. Rügen aber muss Ich, dass - wenigstens im Anfange, also da, wo Hülfe und kräftiges allgemeines Einschreiten Not tut, viel zu wenig Leute vorhanden waren, um die Gasse zum Löschen zu bilden, Wasser zu tragen und dergleichen mehr. Das ist ein großer Fehler! Und wie er einst wohl ein Stück der Stadt Hirschberg - die Kirche bestimmt - den Flammen geliefert, so konnte es neulich bei ungünstigem Winde, den uns der Himmel abwendete, in Lobenstein noch schlimmer werden.

Mein Grundsatz ist:

erst löschen und dann einpacken.

Nämlich so:

Wenn ein kleines Feuer schnell bewältigt wird, so schlafen dann die Leute ruhiger, als wenn durch Vernachlässigung desselben eine schlechtgebaute Stadt vielleicht draufgeht.

Ein schnell gelöschter Vorhang,

(Spreche aus eigner Erfahrung)

eine gelöschte Asche aus der Pfeife, rettet das;

von einem Häuschen wälzt sich der Brand auf 400, der Schneeball wird zur Lawine.

Ich verlange für die "Wohlhabenderen", dass die Gemeinsinn genug besitzen, ihr "Ich" für "Stadt und Land" hintanzusetzen.

Sie haben dies zu veröffentlichen und diejenigen, welche dessen würdig sind, öffentlich zu beloben.
Schloß Ebersdorf, den 22. Februar 1844.
An die Landesdirektion   H. 72

10. Heinrichs Beziehung zur Brüdergemeine

In Heinrichs 72. Residenz Ebersdorf gab es seit etwa einem Jahrhundert eine Ansiedlung der Herrnhuter Brüdergemeine mit einigen hundert Mitgliedern. Heinrich profitierte durchaus von dieser Herrnhuter Colonie. Die Herrnhuter, es waren meist Handwerker und Händler, hatten einen guten Ruf, waren gebildet, ordentlich und fleißig und leisteten regelmäßig die vereinbarten Abgaben an den Fürsten.

Trotzdem hatte Heinrich keine besonders gute Meinung von diesen seinen Untertanen. Seine diesbezügliche Position verkündete er in einem Erlass vom 14. Oktober 1834 - wiederum in der ihm eigenen originellen Ausdrucksweise:

Ich finde mich - im Gefühl Meiner landesherrlichen Pflichten und von dem Grundsatz ausgehend, dass das wahre Pflichtgefühl in jedem Verhältnisse darauf beruht:
Das jenige, was man für Recht erkannt hat, auch in seinem Wirkungskreise zur Ausführung zu bringen - bewogen, das, was ich schon öfters in den betreffenden Beziehungen mündlich geäußert, zur gesetzlichen Richtschnur für Meine sämtlichen Diener, welches Ranges und Standes sie sein mögen, zu erheben:

Dass kein Mitglied der Herrnhuter-Gemeinde im weiteren Sinne des Wortes fortan in landesherrlichen Diensten stehen darf, und indem ich sämtliche Behörden für Ausführung dieses Meines Willen verantwortlich mache, wird hiermit eingeschärft: Dass, sobald, sich eine solche Mitgliedschaft eines Beamten oder Bediensteten unzweifelhaft ergibt, derselbe gehalten ist, die landesherrlichen Dienste zu verlassen und die Oberbehörde ihn hierzu ex officio anzuhalten hat.

Die Motive, welche mich zu dieser Bestimmung veranlassen, spreche ich offen aus. Es sind folgende:

Die nicht zu verkennende Proselytenmacherei[5], welche der Sekte der sogenannten evangelischen Brüdergemeinde anklebt, die Verwerfung gewisser Pflichtbefolgungen oder überhaupt Gebräuche, die einem wehrhaften Mann wohl anstehen, welche der landesherrliche Dienst in gewissen Verhältnissen mit sich bringt, z.B. des Gebrauchs der Waffen.

Der mit der Mitgliedschaft in jener Sekte notwendig vorhandene Hang zum Grübeln in den Religionsgeheimnissen, die lebhafte Hinneigung zum Mysticismus, welche Neigungen das Gemüt unnötigerweise zum Überirdischen und zu Träumereien hinziehend, zu praktischen Beschäftigungen untauglich machen, wie sie die Natur der Geschäfte dieser Welt, besonders der Staats- und Herrndienst mit sich bringt, die nicht in Abrede zu stellende Abhängigkeit der Mitglieder der evangelischen Brüdergemeinde von fremden Oberen und fremden Zwecken, die weder in dem deutschen Nationalbunde noch im Inlande ihre Begründung finden.

Fest überzeugt von der hohen Reinigkeit der evangelischen Lehre, zu welcher Ich Mich bekenne, finde Ich, besonders für eine Gesellschaft, die ihre Gemeinschaft mit der evangelischen Kirche nicht in Abrede stellt, durchaus keinen Grund zu einer

---

[5] Proselytenmacherei ist das zudringliche Bestreben, Genossen einer fremden christlichen Religionspartei in die eigne herüberzuziehen - Allgem. deutsche Real-Encyklopädie für die gebildeten Stände 1827

Abschließung, die wohl am wenigsten der geoffenbarten Lehre unseres Erlösers entsprechen dürfte. Wenn Ich hier nicht im Mindesten eine Beschränkung der bundesgesetzlichen Religionsfreiheit einführen will, auch die Verdienste der evangelischen Brüdergemeinde gern anerkenne, so halte Ich Mich doch als Landes- und Dienstherr für berechtigt, Meinen Dienern die Teilnahme an einer Genossenschaft zu verbieten, welche die vollständige Ausübung aller Dienstpflichten verhindert oder wenigstens erschwert. Ich befehle, dass dieser Mein fester Entschluss sämtlichen in Meinem Dienste befindlichen Personen mit Ausnahme der Militärmannschaft, welche noch in der Kapitulationszeit steht, bekannt gemacht und dies bei jeder neuen Anstellung oder Beförderung wiederholt werde.

Schloss Ebersdorf, 14. Oktober 1834,   Heinrich LXXII.

11. Die Reußische Nationalhymne

Zu Heinrich 72. Zeiten hatte Reuß Lobenstein-Ebersdorf eine eigene Nationalhymne. Wenn man den Text liest, könnte man meinen, der 72. hätte sie selber geschrieben. Nein, er hat nur den Auftrag erteilt, sie zu dichten und zu vertonen. Herausgekommen ist folgendes:

Es lebe das reußische Haus
und alle, die daraus
Fürsten Reußen nennen sich.
Absonderlich Reuß Heinrich, Hurrah!
Absonderlich Reuß Heinrich, Hurrah!
Der Lobenstein führt
und Ebersdorf ziert
zu aller Reußen Lust!

Die Melodie ist wahrscheinlich nicht überliefert. Mit der Abdankung Heinrich 72. im Jahre 1848 wurde auch diese Hymne vom Winde verweht.

12. Heinrichs 25jähriges Regierungsjubiläum

Mit der Revolution im März 1848 und ihren Vorboten begannen auch für Heinrich 72. schwere Zeiten. Zunächst aber konnte er noch in relativer Ruhe im Juli 1847 sein 25jähriges Regierungsjubiläum festlich begehen. Aufgrund einer sehr schlechten Ernte im Jahr 1846 war auch das Jahr 1847 ein Notjahr. Angesichts dessen hatte Heinrich Anweisung gegeben, auf kostspieligen Aufwand, wie Paraden und Illuminationen zu verzichten. In dem amtlichen Bericht heißt es aber, dass der Festtag das Gepräge unerschütterlicher Treue und inniger Anhänglichkeit des Volkes an seinen geliebten Fürsten trug. In Ebersdorf begann der Tag mit einem Weckruf des Militärs und der Schützen. 25 Kanonenschüsse wurden abgefeuert. Bei einem Festgottesdienst war die Kirche überfüllt. Am Nachmittag gab es Scheibenschießen und verschiedene andere Belustigungen, die Musik spielte. Am Abend wurde ein großen Ball veranstaltet, Deputationen als allen Schichten des Volkes überreichten dem Fürsten Geschenke. An die Armen wurden Brot, Reis und Fleisch verteilt. Ähnliche Feiern fanden in den anderen Städten und Dörfern des Fürstentums statt. In Lobenstein wurde ein großes Transparent angebracht mit der Inschrift: "Zur Jubelweihe des Volksfreundes". Auch die Zeitungen berichteten entsprechend, die "Illustrierte Zeitung: Leipzig, Berlin, Wien Budapest, New York" wie folgt:

Am 10. Juli feierte der Fürst sein 25jähriges Regierungs-Jubiläum, bei welchem sämtliche Landgemeinden des Fürstentums Lobenstein in einer Erklärung ihren Dank und Glückwünsche "für gerechte, weise und milde Regierung, für die mancherlei zweckmäßigen Verbesserungen in Kirchen und Schulen, in der Rechtspflege und Verwaltung des Gemeindewesens durch weise Gesetze und Verordnungen, für die vielen fürstlichen Gnadengeschenke und Erlasse von Abgaben, sowie die Ablösung der Trift, Frohndienste und anderer Lasten und ganz vorzüglich für die großartigen Unterstützungen zur Milderung der Not in jetziger bedrängten Zeit" ausgesprochen haben.

So konnte sich Heinrich 72. noch einmal in der Illusion sonnen, von seinem Volk innig geliebt zu werden. Kurze Zeit später wurde seine Herrschaft von den revolutionären Ereignissen hinweg gefegt. - 150 Jahre später erging es den Herrschenden der DDR sehr ähnlich.

Schon zwei Jahre früher hatte der Reußenfürst ein etwas seltsames Jubiläum begangen. Da aber sowohl das Amts- und Nachrichtenblatt für das Fürstentum Reuß-Lobenstein-Ebersdorf als auch die Geraer Zeitung darüber berichtet haben und der Umgang mit diesem Ereignis so richtig schön die Unterwürfigkeit der Untertanen zeigt, soll es auch hier erwähnt werden.

Im Feuilleton der Geraer Zeitung lesen wir folgendes:

Auch ein Jubiläum. Aus Gera, 23. Dez. -

Morgen - sagte Serenissimus reg. LXXII - ist auch ein silbernes Jubiläum! Auf die Frage: welches, entgegneten Sie : "Morgen vor 25 Jahren trat ich, aus dem Wagen steigend, in die öffentlichen Geschäfte ein, an denen, wie eine Art Sekretär, mein verewigter Vater mich teilnehmen zu lassen die unvergessliche Gnade und Wohltat hatte. Das ist mein 25jähriges Jubiläum, das ich morgen still im Andenken feiere und nicht anders gefeiert wissen will."

Dem sei so, des Fürsten Wille geschehe, und wir sagen nur:

Heil dem Volk, das sich bewusst:

Volkeswohl ist Fürstenlust!

Als diese frohe Kunde sich im hiesigen Fürstentume verbreitete, waren es zunächst sämtliche militärische Corps, welche am frühen Morgen des 24. Dezembers vor dem fürstlichen Residenzschlosse zu Ebersdorf sich zu versammeln und da den durchlauchtigsten Jubilar mit Hurrahruf und Absingung des Reußenliedes: Es leb' das Reuß'sche Haus" zu begrüßen beabsichtigten. Ihnen sich anzuschließen waren die Vorstände und andere Gemeindeglieder sämtlicher Ortschaften des Landes bereit. Da erging das gemessenste höchste Verbot jedweder Feierlichkeit. Streng war dasselbe befolgt, und gerade diese, den fürstlichen Willen ehrende, lautlose Feier war beredter als jede andere laute. Jeglicher Stand aber - frei unterm Gesetz - preist

laut in dankerfülltem Herzen die 25jährige segensreiche
Wirksamkeit seines allgeliebten Fürsten. Der Lehrstand - geehrt
und in seinem schweren Berufe kräftig geschützt - fühlt den
landesväterlichen Wahlspruch: "Ich bau auf Gott" in Kirche und
Schule walten. Der Wehrstand - musterhaft ausgebildet - bestätigt
das fürstliche Wort: "Der Kriegsrock ist Ehrenrock." Der
Nährstand - von Frohndenlast und drückenden Steuern befreit -
erkennt überall das landesväterliche Streben, das sich in den
Worten kund gibt: "Es blühe Weisheit und Kunst, Handlung und
Gewerbe, Ackerbau und Waldbau, Gartenbau und Bergbau!"

13. Die Revolution 1848

Was sich in jenen Tagen im März 1848 im Fürstentum Reuß-
Ebersdorf-Lobenstein abgespielt hat, ist von mehreren Zeitzeugen
aufgeschrieben worden. Allerdings unterscheiden, ja, widersprechen
sich diese Berichte teilweise recht stark. Zu unübersichtlich war wohl
die Menge der Proteste und Zusammenrottungen, Petitionen,
Proklamationen, Erlasse, Aufstände, Ergebenheitsbekundungen,
Volksversammlungen ...- ein Durcheinander, welches wohl zur
damaligen Zeit kaum jemand vollständig überblickt hat. Um so
schwerer ist es heute für uns, aus den verschiedenen Berichten ein
zutreffendes Bild zusammen zu setzen.
Die so genannte Märzrevolution 1848 hatte sich schon lange
angekündigt. Die Lebensbedingungen für das einfache Volk waren
schlecht und verschlechterten sich weiter. Ein zunehmender Strom
von Auswanderern verließ auch die reußischen Länder, die meisten in
Richtung Amerika. Die Situation verschärfte sich noch durch
schlechte Ernten in den Jahren 1846 und 1847. Unmittelbarer
Auslöser für die Unruhen in Deutschland war die Revolution im
Februar 1848 in Frankreich. Die Nachrichten darüber verbreiteten
sich in Windeseile. Innerhalb weniger Wochen brach die Revolution
auch in Deutschland aus. Berichte über die Aufruhr in anderen Teilen
Deutschlands gelangten auch zu den Arbeitern, Bürgern und Bauern
im Reußischen Oberland. Sie fielen dort vor allem bei den

Fabrikarbeitern auf fruchtbaren Boden, hauptsächlich in Lobenstein und Hirschberg. Den ersten Funken des offenen Aufruhrs legten hier im Fürstentum wohl einige junge Leute, die in Leipzig studiert hatten, mit einem Stipendium des Fürsten sogar. Sie stellten sich an die Spitze der Bewegung und führten das große Wort, namentlich der Kandidat der Theologie August Thieme[6], ein Pastorensohn. Heinrich 72., der sich eben noch der Liebe und Unterwürfigkeit seiner Landeskinder so sicher war, bekam eine Ahnung, was da auf ihn zukam. Schon am 8. März kam die erste Petition von Hirschberg zum Fürsten. Die Forderungen entsprachen im wesentlichen den auch in anderen deutschen Ländern üblichen: Volksbewaffnung, Pressefreiheit, Schwurgerichte, Menschen- und Bürgerrechte, Schaffung eines deutschen Nationalstaates mit Verfassung und Parlament. Am nächsten Tag rumorte es gewaltig in Lobenstein, vor allem unter den Arbeitern. Heinrich ritt selbst hin und es gelang ihm zunächst, das Volk zu beschwichtigen. Da er aber auch das Militär anrücken ließ, steigerte sich die Erregung und Heinrich musste die Soldaten wieder abziehen. Die Bevölkerung war gespalten. Viele wohlhabende Bürger hielten sich von dem Aufruhr fern, und wurden deswegen vom Pöbel beschimpft und sogar tätlich angegriffen. Bereits in der ersten Hälfte des März bildeten sich in den Städten Bürgerwehren. Am 10. März erschien eine zweite Deputation in Ebersdorf. Es wurde mit dem sofortigen Aufstand gedroht, wenn die Forderungen nicht bewilligt würden. Heinrich nahm die Drohungen ernst und veröffentlichte am nächsten Tag eine Proklamation. Diese ist in dem für Heinrich typischen Stil verfasst und beginnt mit einer Aufzählung seiner bisherigen guten Taten:

"Meine 25jährige Regierung hat, ich traue, bewiesen, dass meine Wahlsprüche: Volkswohl ist Fürstenlust! Volksstimm' ist Fürstenrath! Reform, nicht Revolution! nicht Worte, Taten sind. Ich nenne rasch Taten: Einführung des Rechts, dass jeder

---

[6] Thieme hatte sich in Leipzig politisch betätigt, unter anderem mit Robert Blum, einem Verwandten. Thieme gründete in Hirschberg den ersten Vaterlands-Verein und gab ab April 1848 das Hirschberger Wochenblatt heraus.

Untertan Sonntags und Sonnabends mich sprechen kann, Abschaffung jeder Beamtenwillkür, Ablösung der Frohnden und Triften, Schulwesen, Stiftung des Zollvereins, ausgedehnte Straßenbauten, Berücksichtigung jeder Bitte, Schutz der Armut und manche andere Tat bei Feuer und anderer Not, Öffentlichkeit der Steuerrechnungen, Verminderung der öffentlichen Lasten um Dreiviertelteile während 20 Jahren, freisinnige Städte- und Gemeindeordnungen, Verminderung des traurigen Zunftwesens." Sodann ruft er seinen Reußen zu: "Ich verlasse mich auf Euch und sage nur: Ordnung! Gehorsam dem Gesetz! Euch Ihr Lobensteiner rufe ich zu: ... Schließt Euch mit Freundschaft und Liebe an euren Landesfürsten, an Eure Mituntertanen, und macht den vorgestrigen, Euch nicht ehrenden Arbeiterkrawall dadurch gut."

Weiterhin verspricht Heinrich "aus freiem Antrieb" und als "Resultat eigner Erfahrung"

1. Preßfreiheit, 2. Volksbewaffnung, 3. Öffentlichkeit, Mündlichkeit und Schwurgerichte, 4. Ausbildung der ständischen Verfassung, 5. Fortsetzung der Ablösung der Feudal-Lasten. "Die besonderen Beschwerden von Lobenstein, worunter ich vor allen Dingen die Ermäßigung der Bierpreise, Salzpreise und der Holzpreise für die Armen nenne, sollen auf dem ruhigen Weg erledigt werden". "Ich erwarte, dass die Fabrikbesitzer Meine und der Landstände Aufopferungen nachahmen, auch das Möglichste für das Brot der Armen zu tun." "Ich schließe, nochmals wiederholt mit dem Anruf: Reform, nicht Revolution! Einigkeit, Ruhe, Ordnung, Gehorsam dem Gesetze, Vertrauen auf euern alten Fürsten! Erinnerung mancher Tat desselben! Schloss Ebersdorf, 11. März 1848, Heinrich LXXII. Fürst Reuß."

Diese Proklamation des Fürsten hatte nicht bei allen die gewünschte Wirkung. Zwar kamen aus mehreren Landgemeinden Treue- und Ergebenheits-Deputationen nach Ebersdorf - Ebersdorf selbst stand ohnehin treu zu seinem Fürsten.

Aber überall im kleinen Land gärte es weiter. Nach den Fabrikarbeitern wurden jetzt auch die Landarbeiter und kleinen Bauern von der Bewegung ergriffen. Verschiedene Gemeinden sandten nun ebenfalls Proklamationen mit Forderungen nach Ebersdorf. Es trafen aber auch Brand- und Drohbriefe ein. Ebersdorf solle dem Erdboden gleich gemacht werden, die Fürstenknechte sollten aufgehängt werden. Besonders radikal war ein Schönbrunner Klempner, der die Ebersdorfer alle "mopsen" wollte, d.h. ihnen Nase und Ohren abschneiden. Das verursachte natürlich viele Aufregungen und Ängste in der Residenz. Der Fürst behielt - zumindest nach außen hin - die Nerven. Er hatte immer ein gesatteltes Reitpferd bereit stehen.

Um ihren Forderungen mehr Nachdruck zu verleihen, beschlossen die Aufrührer auf einer Bürgerversammlung am 19. März in Hirschberg einen Protestzug nach Ebersdorf. Am 20. März brachen 300 bis 400 Personen in Hirschberg auf. Sie zogen über Pottiga und Harra nach Lobenstein, machten dabei viele Umwege, um die Bevölkerung unterwegs mitzunehmen. Von den Lobensteinern schlossen sich dem Zug nur wenige an. Als man am Reußischen Hof Rast machte, kam ein fürstlicher Bote und brachte eine weitere Proklamation, die verlesen und am darauf folgenden Tag veröffentlicht wurde. Darin verspricht der Fürst, allen Beschlüssen der mit ihm verbündeten Regierungen zwecks Bildung einer Volkskammer und Schaffung eines freien Vereinsrechts beizutreten. Er betont nochmals die Pressefreiheit und will sich für eine zeitgemäße, freisinnige Verfassung einsetzen. Ebenso soll der Wildbestand vermindert werden und der Wildschaden begrenzt werden.

Der Schluss dieser Proklamation lautet:

"Der großen großen Großzahl meiner guten Landsleute, namentlich meinen braven herrlichen Landbewohnern, meinen innigsten Dank für ihre Haltung in den letzten Tagen. Bleibt so! So wollen wir Hand in Hand jeder Gesetzlosigkeit entgegentreten, Hand in Hand der Wiedergeburt unsers deutschen Vaterlandes entgegensehen! Soll ich Euch meine Wünsche noch sagen? Sie sind: Ein freies, großes, starkes Deutschland, soweit seine Sprache, überall gleiche Landesverfassung; Ein Gesetzbuch; Ein Staatsbürgerrecht; Ein Heer; Eine Flotte; Eine Volksbewaffnung; Eine Handesgesetzgebung; Eine Münze, Maß, Gewicht usw. Schloß Ebersdorf, 21. März 1848, Heinrich der LXXII. Fürst Reuß

Der Zug bewegte sich auch nach Erhalt der Proklamation weiter auf Ebersdorf zu.
Vor dem Ebersdorfer Schloss hatte sich inzwischen die von Ebersdorfer Bürgern gebildete Schlosswache aufgestellt. Zu einer tätlichen Auseinandersetzung mit den Aufständischen kam es aber nicht. Diese verließ aller Mut, als sie, nach Ebersdorf hereindrängend, sich plötzlich der Bürgerwehr mit Gewehr im Anschlag gegenüber sahen. Als dann noch ein Schuss fiel, wie sich später ergab, versehentlich und ohne Wirkung abgefeuert, brach unter den "Hirschbergern" helle Panik aus. Ein Augenzeuge berichtet:
"Ein Wutgebrülle, untermischt mit gellem Aufschreien, folgte dem Schuss, dann ein donnerartiges Rollen, Heulen und Toben, aus dem immer deutlicher der Ruf "Zurück! Zurück!" zu erkennen war. Wir sahen einen wirren Haufen von Menschen, Männern und Weibern, die auf dem Pflaster lagen oder mit wildem Fluchen, Brüllen und Schlagen sich Bahn durch die Menge brachen, nach rückwärts drängten, über die Gefallenen stürzten, sich wieder erhoben, stolperten, strauchelten, wieder fielen, den Nachbar roh zur Seite stießen, nur bedacht, sich in Sicherheit zu bringen, unbekümmert, was hinter und neben ihnen geschah. ... Wenige Minuten später war die Straße, mit Ausnahme einiger Gewehre, Nachtwächterspieße, Hüte, Hauben und Pantoffeln, auch einer Fahne, vollständig leer."
Ebersdorf war also verschont geblieben und die Hirschberger sind nach Hause gegangen. Aber die Unruhe griff weiter um sich. Dem Fürsten und seinen Beamten wurde jeglicher Respekt verweigert. Schon lange hatten die Bauern unter dem hohen Wildbestand und den Wildschäden gelitten. Auf einem Kartoffelacker des

Kanmmergutes in der Nähe von Ebersdorf sollen einmal 36 Hirsche in einer Nacht gewesen sein. Der Schaden war riesig und die Wut der Bauern entsprechend groß. Jetzt lösten die Aufständischen das Problem auf ihre Weise und schossen das Wild massenhaft ab. Jeder, der eine Büchse hatte, ging auf die Jagd und schoss drauflos. Das Jagdpersonal war machtlos und völlig eingeschüchtert. Nach dem Bericht von Paul Thomä soll es am Karfreitag 1848 in Ebersdorfs Umgebung so geknallt haben, wie in einem Manöver. Die Übeltäter stammten meist aus anderen Orten, denn die Ebersdorfer waren fast alle vom Hofe abhängig und deshalb fürstentreu. Nur der Meisgeiers August hat sich an der Schießerei beteiligt, weniger um Wild zu erlegen, sondern aus Freude am Schießen. Bei jedem Schuss rief er: "Den Knalle nooch muss iech wos getroffen hamm." Aber er hat nie etwas getroffen - sagte Paul Thomä.

All das hat den Fürsten, der seine Jagd über alles liebte, zutiefst getroffen. Er war unendlich enttäuscht von seinen Untertanen, die ihm vor kurzem noch gehuldigt hatten. Die Macht im Land hatte praktisch der ehemalige Theologie-Student August Thieme an sich gerissen, überall gründeten sich weitere Vaterlands-Vereine. Thieme zog als Volkstribun durchs Land. Als sein Sprachrohr hatte er im April 1848 das Hirschberger Wochenblatt gegründet. In zahlreichen Artikel griff er darin Heinrich 72. direkt an, wobei er natürlich jeglichen Respekt vermissen ließ. So nannte er den Fürsten einfach "unseren geehrten Mitbürger Heinrich 72." und sagte ihm u.a.:

"Was Ihren Wahlspruch von Volkeswohl und Fürstenlust betrifft, so braucht man ja nur nach Harra hinzugehen, um zu erkennen, wie Sie ihn durch Ihre Taten bewahrheiten. Wir sehen im Geiste noch des Blut der Unschuld rauchen, dass Sie vergießen ließen, der tausendfache Jammerschrei der von Ihnen und Ihren Gehilfen Gepeinigten dringt noch an unser Ohr! Ihre Hirsche und Rehe galten Ihnen stets mehr als ihre Untertanen, aber Ihre Zeit ist jetzt vorbei und kehrt nicht wieder!"

Aber nicht nur schriftlich wurde der Landesvater angegriffen, man ging auch persönlich auf ihn los und achtete weder seine Freiheit noch sein Eigentum. Volksversammlungen wurden in die fürstlichen Schlösser einberufen, unmittelbar vor die Wohnungen des Fürsten. Bisher waren die Flaggen in den reußischen Nationalfarben Schwarz-Rot-Gelb auf den fürstlichen Schlössern aufgepflanzt worden zum Zeichen, dass der Fürst persönlich anwesend ist. Jetzt dienten die Flaggen als Signal für die Volksversammlungen. Heinrich war ständig genötigt, dem Pöbel auszuweichen. Die Macht des Fürsten und seiner Beamten waren in die Hände der Aufrührer gefallen. Das Militär gehorchte nicht mehr. Regierungsakte und staatliche Funktionen in Ebersdorf, Lobenstein und Hirschberg konnten nur soweit zur Ausführung kommen, wie Kandidat Thieme es gestattete.

14. Die Abdankung

Vor dieser ständigen Bedrängnis und Demütigung ist Heinrich schon im April 1848 aus seiner Herrschaft Ebersdorf geflohen, um nie mehr wiederzukehren. Am 15. April 1848 hat er die Regierung förmlich niedergelegt.

"Kraft dieses lege ich die Regierung förmlich nieder. Meine Nerven hätten mich schon längst dazu bestimmen sollen. Jetzt wird es zur gebieterischen Notwendigkeit.
Bei der Stellung eines kleinen (Kraut)Fürsten zur Revolution und den demokratischen Institutionen und demagogischen Bestrebungen;
Bei den Schleizer so gnädigen neuesten Verwilligungen;
Bei der ausschweifenden Milde, wie man mich hat im März in Lobenstein handeln lassen. (Jetzt herrscht der Pöbel da und eine Pöbelfahne weht auf meinem Schlossturm!!!)
Bei dem schnöden Undank von Lobenstein und Hirschberg;
Ich führe die Regierung nur noch bis zum Abschluss des demnächstigen Vergleichs über meine Apanage u.a.m.
Es lebe das reußische Haus!

Urkundlich mit meiner Unterschrift und Beidruckung meines
Insiegels.
Schloss Ebersdorf, 15. April a.o.   H. d. 72. F.
Reuß

Er ging zunächst nach der Herrschaft Gera, die ihm ja auch zur Hälfte
gehörte. Aber auch dort auf dem Schloss Osterstein hatte er keine
Ruhe mehr. Eine "Sturmpetition", die ins Schloss eindrang, vertrieb
ihm endgültig von seinen Besitzungen.
Sein Fürstentum fiel nach den Reußischen Hausgesetzen an die
verbleibenden Regenten der Jüngeren Linie. Das war nur noch der
Herrscher von Schleiz Heinrich 62., dem außerdem die andere Hälfte
von Gera gehörte. Damit war das seit 1647 sehr zerstückelte Gebiet
Reuß jüngere Linie wieder vereinigt. Heinrich 62. war unverheiratet
und starb 1854. Sein Bruder Heinrich 67. wurde sein Nachfolger als
Fürst Reuß. Er war seit 1820 mit Adelheid, der jüngeren Schwester
des 72. verheiratet. Adelheid hat in ihrer Rolle als Landesmutter von
Reuß j.L. viel für ihre alte Heimat Ebersdorf getan. Sie hat dem Ort
unter anderem das Adelheidstift geschenkt.
Im rebellischen Land Lobenstein-Ebersdorf trat noch lange keine
Ruhe ein. Die provisorische Reichsregierung schickte im Juli 1848
zunächst den damaligen sächsischen Minister Oberländer und
ordnete später den Einmarsch von Reichstruppen an. Schwarzburger
kamen nach Lobenstein, Meininger nach Schleiz, Sachsen und
Hannoveraner nach Gera. Im Oktober 1848 begann man in Reuß j.L.
mit der Einrichtung eines Landtages und einer Verfassung. Die
Truppen blieben bis März 1849 im Land, danach hatte sich die Lage
soweit beruhigt, dass Heinrich 62. allein mit seinem Volk klar
kommen konnte.

15. Das Leben im Exil

Heinrich der 72. erhielt für seinen Regierungsverzicht natürlich eine
anständige Entschädigung, die oben erwähnte Apanage, in Höhe von

25 000 Talern jährlich. (Zum Vergleich: Der Rektor eines Gymnasiums mit Frau und 5 Kindern erhielt 300 Taler im Jahr.)

Heinrich 72. hat nie wieder reußischen Boden betreten. Er ging zunächst nach Riesa. Dort sorgte er durch Gelage mit käuflichen Straßenmädchen für Skandale. Danach lebte er teils in Dresden, teils in Guteborn in der preußischen Lausitz, einem Dorf aus dem Erbteil seiner Mutter.

Heinrich war sichtbar gealtert. Von den schönen Gesichtszügen waren nur noch Spuren vorhanden. Da er schwerhörig geworden war, war eine Verständigung mit ihm erschwert. Er führte sein exzentrisches Leben weiter, wenn auch auf niedrigerem Niveau. Er versuchte weiterhin das Leben eines Souveräns zu führen, z.B. indem er seine Diener drangsalierte und ihnen Arrest gab.

Er ging meist nur nachts aus. In Dresden will man ihn im Garten des Hotels zur Stadt Paris in den Nächten bei "paradiesischen Adams-Wandlungen gesehen haben". In Tharandt, wo er im "Bade zum Sommerpläsier" wohnte, soll er ebenfalls nur nachts seine abenteuerlichen Waldspazierfahrten unternommen haben.

Seine neuen Lebensumstände ließen ihm viel Zeit für das Verfassen von Schriftstücken. Im Juli 1848 wandte er sich noch einmal in einem längerem Aufruf an seine ehemaligen Untertanen, in welchem er die zurückliegenden Ereignisse nochmals aus seiner Sicht darstellte:

"Meine Aufrufe vom 12. und 22. März ds. Js. fußen auf dem Glück, wie Ich Mich damals ausdrückte, so gute brave Landsleute zu besitzen.

In jenen Aufrufen, in allen Maßregeln seitdem ist allen Zeitforderungen die äußerste Rechnung getragen und sonach im Hinblick auf jenes glückliche Verhältnis der Grundsatz an die Spitze gestellt, dass wir Hand in Hand in die Umgestaltung treten wollten. Mein ganzes Leben übrigens gibt Bürgschaft, dass Fortschritt und Volkeswohl Mir nicht bloß leere Worte sind.

So konnten wir trotz jener Massenpetition von Hirschberg und der Pöbelexzesse in Lobenstein glücklich und einig als Muster, wie wir dies früher auch waren, vorschreiten!

Ich habe hierbei nie einen Schatten von Strenge, sondern nur das Gegenteil, übergroße Nachsicht und Langmut gezeigt.

Die Verhältnisse haben sich geändert, durch die Wühler besonders von Hirschberg veranlasst, durch eine unwürdige Pöbelherrschaft in Lobenstein, die sich nach und nach auf das ganze Land ausdehnte, ist Mir das Glück geraubt, welches ich in Meinem Dank vom Septbr. vorigen Jahres aussprach. Auf das Frechste ist jedes Band zwischen uns zerrissen.

Es ward jede Schmähung, Schimpf und Schande auf Mich gehäuft, jeder Ungehorsam ausgeübt, auch die reinsten Absichten verkannt, das Gesetz, die Ordnung mit Füßen getreten und jedes Vertrauen, welches Meine lange Regierung rechtfertigt, weggeworfen, jede (während einer 26jährigen Regierung von Mir geförderte) Reform ganz vergessen, dagegen bloß den Wühlern, Meinen ausgesprochendsten Feinden, denen Ich zum Teil, z.B. in Hirschberg i. J. 1835 ihre Häuser vom Brand gerettet, jungen unerfahrenen Menschen, die noch nichts gelernt und nichts zu verlieren haben, der blindeste Gehorsam geleistet, und - Ich muss Mich hier wiederholen - jedes Band zwischen uns mit Füßen getreten und gar öffentlicher Raub gegen Mich durch Vernichtung des Wildes, durch offene Heimsuchung der Forsten, durch Nichtzahlung der Gefälle ausgeübt, der schändlichste Undank auf Mein, Ich darf sagen, unschuldiges Haupt gehäuft, auf einen Regenten, der treu zu seinem Volke stand und bloß in dessen Wohl sein Glück fand, ein Glück, das Taten beweisen.

Ich bezeichne als solche: die Vervollkommnung des Schulwesens, den zugesicherten freien Zutritt jedes Untertanen zu Meiner Person, die Vernichtung des Beamtendruckes, die Wohltat vervollkommneter Straßen, die durch den Straßenbau der arbeitenden Klasse so reichlich gewährte Unterstützung, Abminderung der Steuern und Abgaben, umfassende Gelderlasse und Berücksichtigung der Armut, Öffentlichkeit im Staatshaushalte, Anbahnung zeitgemäßer Repräsentativ-Verfassung durch freisinnige Stadt- und Landgemeindeordnungen, Trennung der Verwaltung von der Justiz, Trennung der Kriminal- von der Zivil-Justiz, Abschaffung des Stockes bei dem Militär, Ablösbarkeit der Feudallasten und Meinen Verfassungsentwurf von 1831!, endlich alle seit dem Monate März ds. Js. freiwillig gegebenen freisinnigsten Bewilligungen.

Wird obige Schilderung des Mir angetanen schwarzen Undanks bezweifelt, so erinnere Ich zu deren Beweise an die Pöbelszenen in Lobenstein seit dem 9. März ds. Js., die schmähliche Behandlung Meines ersten Beamten, an die widerrechtliche Verhaftung und Misshandlung angesehener Bürger durch den Pöbel, an die Katzenmusiken, an das ungesetzliche Schießen, an die in Form einer groben Forderung eingekleidete Massenpetition von Hirschberg, an die systematische Aufwiegelung der Landsleute, an den in Banden ausgeübten Wild- und Holzraub, an die Versagung des Gehorsams bei Aufstellung einer Fahne auf Meinem Turme, an die mit den abscheulichsten Drohungen begleitete Verhinderung des einberufenen Militärs am Einrücken in seine Garnison, an die schmählichen, lügnerischen Artikel über Mich, über Meine und des Landes Finanzzustände, an die Beschimpfung Meiner treuesten Beamten und Diener, die nirgends bewiesen, dass mein Motto: "Volkeswohl ist Fürstenlust" nicht auch das ihrige wäre.

Nach solchen Unbilden, wie sie wohl keinem Fürsten und Herrn oder Menschen angetan wurden, der das reinste Regenten-Gewissen hat, der allen Zeitforderungen für ein großes, freies, einiges Deutschland zugejubelt, kann fürder Meines Bleibens nicht mehr sein.

Nicht aus persönlicher Furcht - die kenne Ich nicht, und kenne keine Veranlassung, - denn kein Individuum im Lande, dem Ich nicht wohlgetan! - sondern tief und ewig verletzt durch den schwarzen und schwärzesten Undank, verlasse Ich das Vaterland, dem Ich unter solchen Umständen nichts mehr nützen kann, und erkläre: Meine Abwesenheit ist nur begründet in einem festen Willen, und Meinem festen Entschluss, die Regierung zu Gunsten meines verfassungsmäßigen Regierungsnachfolgers niederzulegen und auf jedes wahre Glück zu verzichten.

In irgend einem fernen Ort will Ich über den Wechsel menschlicher Dinge nachdenken und zu Gott beten, dass die künftige Generation sich würdiger der Freiheit benehme, wie die jetzige, für die Ich Mein angestammtes Eigentum geopfert und die besten Kräfte in langjähriger Regierungszeit.

Schloss Guteborn, im Juli 1848   Heinrich der 72. Fürst Reuß"

Schloss Guteborn.

Auf dieses Schreiben erwiderte des Fürsten Hauptkontrahent August Thieme im Hirschberger Wochenblatt: "Wird dankbar akzeptiert, geehrter Mitbürger; nur wählen Sie ja einen recht fernen Ort, leben Sie wohl und reisen Sie glücklich!"

Zu dieser Zeit im Juli waren die Verhandlungen wegen des Übergangs von Reuß-Ebersdorf-Lobenstein an Heinrich 62. einschließlich der Apagnage für Heinrich 72. noch im Gange. Heinrich 72. hatte ursprünglich 200 000 Taler Abfindung verlangt - jährlich. Es stellte sich aber heraus, dass durch seine Verschwendungssucht Schulden in Höhe von 90 000 Talern vorhanden waren. Auf Grund dieser teuren Hinterlassenschaft setzte Fürst Heinrich 62. nach langem Verhandeln die Abfindungssumme auf 25 000 Taler jährlich fest. Aus dem Ebersdorfer Bestand wurde eine größere Anzahl (16-18) Reit- und Wagenpferde verkauft, "sowie verschiedene Wagen, Schlitten, Geschirre, Schlittengeläute, Sättel und Reitzeuge". Anfang Oktober waren die Verhandlungen abgeschlossen und Heinrich 72. bekräftigte nochmals seine Abdankung.

"Geraume Zeit ist es mein Vorsatz, wegen meiner erschütterten Gesundheit, die Führung der Regierung niederzulegen.
Jetzt bei den Anstrengungen der Neuzeit, in die ich vom Krankenlager geworfen ward, ist es gebieterische Pflicht.
Und - schwarzer, unerwarteter Undank von mancher Seite hat mein Wirken abgeschnitten.
Deshalb - habe Ich schon im April am rechten Ort Meinen unwiderruflichen Entschluss ausgesprochen, auszuscheiden.
Dießfallsige Vereinbarung ist endlich! erfolgt.
Ich lege, Kraft dieser, zum Besten Meines verfassungsgemäßen Nachfolgers, Ihro des regierenden Fürsten von Schleiz, Durchlaucht und Liebden, die Regierung nieder.
Treu glaube Ich 26 Jahre lang mit Aufopferung für Meine Wahlsprüche:
"Volkes Wohl ist Fürstenlust!"
"Reform, nicht Revolution!"
gewirkt zu haben.
Wenn Mir's nicht ganz möglich ward, wenn Mein öffentlicher Charakter verschleiert, so wirkten dazu ungünstige Umstände, d.i. unsere starren Gemeinschaftszustände, starre Bundes- und Protokollen-Nacht.

Nun, die große Zukunft wird Alles bessern.
Mein Trost über Bitteres ist die feste Hoffnung, die Ich schon am
21. März öffentlich aussprach:
"Ein freies, großes, starkes Teutschland, soweit seine Sprache."
Für das - der letzte Blutstropfen!
Mein herzliches Lebewohl Denen Meiner theuren Landsleute, die
Mir einen Rest von Liebe schenken.
Urkundlich Meiner eigenhändigen Vollziehung und Beidrückung
Meines fürstlichen Wappens.
Den 1. Oktober 1848.   Heinrich der 72. Fürst Reuß."

Dieses Abdankungsschreiben und das nachfolgende längere
Begleitschreiben sandte Heinrich 72. an 76 gekrönte Häupter, an alle
deutschen Landesherren und weitere bedeutende Personen, sowie an
die damaligen Zeitungen.
"Meinen zahlreichen auswärtigen Freunden und Bekannten die
Anzeige, dass ich die Regierung niedergelegt habe. Aus meiner
Entsagungsurkunde das Nähere; für diejenigen die mich kennen
ein deutliches Bild! Ich füge hinzu: Nicht das Auferstehen
Deutschlands - ich glaube nicht dass ein Deutscher mehr
demselben huldigt und jedes Opfer für Deutschlands Größe zu
bringen bereit - sondern die Masse von Erbärmlichkeit die in der
Flachsenfingerei eines kleinen Staats mit dem März auftauchte
und an die Stelle wahrhaft glücklicher Zustände trat, hat mich
vertrieben. Im Anfang gänzliche Unkunde und Schwäche der
Zivilbehörden, durch die die Wühlerei recht ordentlich groß
gezogen ward, welche von zwei Städtchen ausgehend nach und
nach natürlich weiter fraß und alles ansteckte. Mein im kleinen
ausgebildetes Wehrsystem das das ganze Land mit Linie,
Landwehr und Landsturmschützen umfasste, unbenutzt. Dazu
der unmoralischste und irreligiöseste Undank und Hohn,
nachdem man mich so viele Jahre und noch bei meinem
25jährigen Regierungsjubiläum im vorigen Jahr auf den Händen
getragen und - wohl nicht ganz unverdient! Denn mein Wirken

strebte in der Zeit, wo es gefährlich freisinnig zu sein, unverwandt und entschlossen Fortschritt und Bildung an. Von einer Unzahl Schritte abgesehen, die teils seiner Zeit öffentlich, teils noch im Aktenstaub vergraben, bloß das: Ich habe im Jahr 1831, ohne Erfolg in unserer starren Gemeinschaft eine freisinnige Verfassung verlangt; die Steuern waren die geringsten in Deutschland; Beamtenwillkür von mir rücksichtslos verfolgt. Ein paar Beispiele jenes Undanks: An einem schönen Märztage beendige ich eine Konferenz mit meinem Oberforstmeister mit den Worten: "Nun, Hr. Oberforstmeister, wir haben heute das Waidwerk begraben!" (d.h. auf dem ruhigen und den Gesetzen der Natur folgenden Wege.) Statt dessen raubt man mirs mit Gewalt in acht Tagen! Ich berufe im April wiederholt die Beurlaubten der dem Bund gehörigen Linie und die von mir geschaffene Landwehr ein, um gegen einen der vielen damaligen, kurz nach dem Schlossbrand von Waldenburg eintretenden Stürme Front machen zu können. Die Gemeinden halten auf Befehl der Wühler die bis dahin unbescholtene Mannschaft mit Gewalt zurück! Und das alles nach meinem schweren Krankenlager, und zum Schluss möchte ich sagen, der Genesungsfeste! Da ist mein Dableiben unmöglich, weil ich nichts halb sein will, und überhaupt der Überzeugung, dass Deutschland eine Einheit sein soll und die kleinen Herrscher eine Unmöglichkeit. Ich spreche den unwiderruflichen Entschluss die Regierung niederzulegen im April am rechten Ort aus. Dieser Entschluss wird um so eiserner, als die bekannte infame Sturmpetition bei Gera unser ältestes Schloss entwürdigte. Dort dieselbe Traurigkeit der Behörden; die Bürgerwehr, 1200 Mann stark, lässt mich im Stich! Mögen Sie nun, meine zahlreichen Freunde und Bekannte im Ausland, fortwährend die Freundschaft und Teilnahme mir schenken, die ich oft erprobt, und welche mir vorliegendes diktiert!
Guteborn in der Lausitz, Regierungsbezirk Liegnitz, 1. Okt.1848.
Heinrich der 72ste Fürst Reuß.

Am 5. Oktober 1848 erfolgte die offizielle Zusammenführung des Fürstentum Ebersdorf-Lobenstein mit den übrigen Reußischen Gebieten der jüngeren Linie.
Die Revolution war zu Ende. Die Anführer der Revolte waren geflohen oder verhaftet. Der Anführer der Aufständischen im Reußischen, August Thieme, hatte im Herbst 1848 das Land verlassen[7].
Der Schleizer Fürst Heinrich 62. war wieder Herr der Lage und versuchte die Ordnung vollends herzustellen. Ein Erlass vom 14. September z.B. zeigt, dass nunmehr wieder energischer gegen den Jagdfrevel eingeschritten wird.

Von den Ebersdorfern hatten sich nur wenige am Aufstand gegen den Fürsten beteiligt. Die meisten haben zu ihm gestanden, waren zum Teil sogar bereit, ihn gegen die Aufrührer zu verteidigen und hatten dazu eine Bürgerwehr gebildet. Dabei ging es ihnen vermutlich gar nicht vorrangig um das Leben Heinrichs, sondern um die Aufrechterhaltung der alten Ordnung in Ebersdorf. Denn fast alle Ebersdorfer waren entweder beim Fürsten in Dienst oder profitierten sonst irgendwie vom Hofe und dem Status Ebersdorfs als Residenz. Die Mitglieder der Brüdergemeine verabscheuten sowieso jegliche Gewalt und waren traditionell seit 100 Jahren mit den Ebersdorfer Regenten verbunden.

---

[7] Als eine der führenden Persönlichkeiten der Märzrevolution in Ostthüringen wurde Thieme als Abgeordneter für den Wahlkreis Reuß jüngere Linie in Hirschberg in die Frankfurter Nationalversammlung gewählt, der er vom 29. Mai 1848 angehörte. Am 9. Juli 1848 gab er sein Mandat zugunsten seines Freundes Johann Georg August Wirth auf.
Als unbestrittene Führungsfigur der oberländisch-reußischen Vaterlandsvereine nahm August Thieme am zweiten Demokratenkongress in Berlin vom 26.-30. Oktober 1848 teil.
Im November 1848 wurde gegen ihn vor dem Landgericht Lobenstein ein Strafverfahren wegen Aufforderung zum Ungehorsam gegen die Regierung eröffnet. Thieme emigrierte 1849 in die Vereinigten Staaten, wo er in Buffalo und später Cleveland als Lehrer und Journalist tätig war. Seit 1852 war er Herausgeber der in Cleveland erscheinenden deutschsprachigen Zeitung "Der Wächter am Erie". 1879 ist er gestorben.

Heinrich 72. hat die Treue seiner Ebersdorfer auch mehrfach
gewürdigt und anerkannt. Nach seiner Abdankung hat er die
Gemeinde aufgefordert, sich etwas zu wünschen. Denn ihm konnte es
egal sein, ob sein gesamter Besitz an den Schleizer Heinrich ging, oder
eben etwas davon an die Ebersdorfer Gemeinde. In dieser Situation
haben sich die Ebersdorfer als sehr bescheiden (andere sagen
"dämlich") gezeigt, denn sie wünschten sich nur ein Stück Land für
einen neuen Friedhof. Darüber ist später häufig gespottet worden.
Heinrich 72. war auch verwundert über den bescheidenen Wunsch
und soll, als der Amtsschulze ihm in Dresden den Wunsch vortrug,
gesagt haben: "Mehr wünschen sich die Ebersdorfer nicht?" Dann hat
er ihnen das Gewünschte gegeben, mehr aber auch nicht.
Nach der Abdankung Heinrichs und dem damit verbundenen Verlust
der Residenz machte sich rasch ein wirtschaftlicher Rückgang
bemerkbar. Die Beamten zogen weg, später wurde auch das Militär
verlegt. Handwerker und Händler, die den Hof beliefert hatten,
mussten auf diese Einnahmequelle verzichten. Deshalb - vielleicht
aber auch nicht nur deshalb - haben die Ebersdorfer ihren
ehemaligen Fürsten eingeladen, doch wieder nach Ebersdorf zu
kommen und dort zu wohnen. Dieser Wunsch ist ihm wohl mehrfach
und von verschiedenen Seiten zugetragen worden. Man merkte jetzt,
was Ebersdorf mit seinem Wegzug verloren hatte und wusste auch,
dass er immer noch ein reicher Mann war und gewohnt war, sein Geld
mit vollen Händen auszugeben. Dafür hätte man wohl auch gern seine
Launen ertragen.
Nun, der Fürst ist nicht zurück gekommen, aber er hat am 25. März
1849 den Ebersdorfern einen sehr langen und freundlichen Brief
geschrieben.

   Ihr guten lieben Ebersdorfer!
   Mein Herz drängt mich, dasjenige schriftlich auf ewige Zeit
   auszusprechen, was ich Eurer Deputation im vorigen Sommer hier
   und manchem einzelnen Eurer ruhmwürdigen Gemeinde mündlich
   gesagt, doppelt, weil die Hoffnung, der Trost die Befriedigung mir
   immer mehr schwindet, es Euch in Eurem Kreis mündlich zu sagen,

d. h. einmal nach Ebersdorf zu kommen. - Doch davon unten. - Zuvörderst also mein Fürstenwort: Die Erinnerung an Eure Treue und Liebe schwindet nur mit meinem Dasein, sie bildet den Lichtpunkt in dem traurigen Gemälde meines Ausscheidens aus dem Vaterlande. - Ihr steht in dem Sumpfe des Undanks und des Wahnsinns, in den mein Ländchen, Gott weiß wie? verfallen war, rein da. In freudigen und traurigen Ereignissen, in Gefahr und in Jubel, Ihr waret mir treu, hold, gewärtig. Wo ich hindenke in meiner Regierung, Beweise davon, sowohl an Eurem Ehrentage, den 3. Oktober, wie an Euren Ehrentagen, den 9. und 20. März. Und wenn alles mich vielleicht nach und nach vergaß, durch die erbärmliche Schwachheit meiner Zivilbehörden dazu hingerissen, wenn selbst meine Dienerwelt im Laufe des, Gott Lob! überstandenen Jahres mir zahlreiche Beweise gab, dass sie mich vergessen, wenn kein Corps, keine Gemeinde rein blieb, dies- und jenseits verachtenswerter Undank und Dummheit mich unmöglich machte, nun unter Euch könnte ich unberührt von allen Stürmen ruhig schlafen und kein 19. Juni würde meinen Schlosshof entehren: dafür seid Ihr Ebersdorfer Männer! Treuen-Ebersdorf sollt Ihr heißen, so wie die Sage geht, dass unsere Vorfahren einen Ort im Vogtlande getauft; würde es Euch in einem Diplom zugefertigt haben, umhangen von allgemeinen Ehrenzeichen, dass nicht erlassen im Sturme der Zeit und durch die Faulheit eines Euch bekannten etc. So aber, da ich nichts mehr bei Euch zu befehlen, nehmt mein Manneswort, legt es in Eure Gemeindelade; mag es der Nachwelt Zeuge sein, dass es einen Fürstensitz gab, wo Herr und Gemeinde eine glückliche Familie bildeten, dass es zwei Gemeinden, Ihr und Köstritz, im reußischen Lande jüngerer Linie gab, die noch Christen blieben: eine andere Anerkennung kann ich Euch nicht geben, Ihr wisst, ich vermag nicht viel mehr.

Doch wißt Ihr aber, dass alle wie Ihr mit mir Hand in Hand, wie ich am 21. März gesagt, in die neue Gestaltung geschritten, ich noch unter Euch weilte; Ihr wisst, dass die Erbärmlichkeit, Ratlosigkeit, politische Feigheit und - ich kann es nicht anders nennen -

Verräterei meiner Beamten meinen starken Arm, der Euch schützte, abgehauen und aus einem Bierkrawall eine allgemeine Flamme gemacht. Ferner empfangt hiermit meine innige tiefe Teilnahme über Euer Unglück. Das Schicksal, oder besser gesagt, die himmlische Vorsehung, lässt hienieden oft den Unschuldigen statt des Schuldigen leiden. So geht es Euch! Ihr, die Ihr wegen Eurer bürgerlichen Tugenden verdienet, dass ein Kaiser unter Euch weilte, Ihr seid ein Opfer der Zeiten und Euch so verlassen und das, ich darf wohl sagen, durch fünf Generationen herrlich gewordene Ebersdorf eingehen zu lassen, s' ist der einzige Punkt der Reue, der mich, ich erkläre es Euch, ins freiwillige Exil verfolgt. Möge es Euch besser gehen, wie Euer hartes Schicksal es erwarten lässt.
Ich habe oben gesagt, die Hoffnung schwindet immer mehr, Euch wiederzusehen. Kinder, ich spreche es gerade aus: sie ist geschwunden! Wohl schwerlich werde ich das Haus meiner Väter, das ich auch mit geschmückt, wieder erblicken. Mein Schicksal hat mich - es ist hier zu weitläufig und nicht an seinem Ort, Euch alles schriftlich mitzuteilen - auf ein erbärmliches Einkommen beschränkt, 1/3 nach allen Abzügen meines früheren, zum Dank für manches Verdienst und ein geopfertes Leben, zum Lohne von manchen Wohltaten, die ich dem Reußenlande und dem Nachbarreußenlande und zum Andenken an die Wohltaten, die die Meinigen diesem Lande auch erzeigt: - denkt an den Brand von Schleiz, Euren Glanzpunkt, denkt an das Jahr 30 in Gera[8], meinen Glanzpunkt, denkt an das Jahr 6[9], meiner Mutter Glanzpunkt, denkt an das Jahr 13 (Vertrag von Frankfurt), meines Vaters Glanzpunkt! - So bin ich bei den ungeheuren und nicht zu bestimmenden Kosten, die mir meine schwankende und bedrohte Gesundheit verursachen wird, im Gegensatz meiner bisherigen glänzenden Lage als Fürst Reuß, in eine wahrhaft dürftige, trotz Aufgabe von allem, was mich bisher erfreut, gekommen. Diese Lage

---

[8] 1830: Krawalle in Gera, die durch Heinrich 72. beruhigt wurden
[9] 1806: seine Mutter durfte Napoleon empfangen und erwirkte einen Schutzbrief für Ebersdorf

und der daraus folgende Umstand, dass meine Reise ins Reußische mit unerschwinglichen Kosten verknüpft sein wird, wird mich wohl auf ewig von euch trennen.

Kinder, ich kann meine Dürftigkeit mit zwei Dienern und zwei Pferden gegen sonst, nicht in Ebersdorf herumtragen, würde Euch auch nichts nützen; ich kann so ohne Beschäftigung und Zerstreuung in dem mir an sich schädlichen Bergklima und bei den entsetzlichen Erinnerungen von 1848, wo mich jeder Blick in den Staub, den meine gottvergeßnen Untertanen an mir geübt, wo mich jeder Blick an ihren Undank erinnert, Kinder, sage ich, so kann ich unter Euch nicht weilen. Dazu kennt Ihr den alten 72ten, und Ihr wünscht mich nicht unglücklich zu sehen. Fern aber von dem, ich darf sagen, früheren glücklichen, nicht erfolglosen Schauplatz meines Wirkens, da wird wohl mit dem Alter die Ruhe in mein Gemüt ziehen. Dort aber nicht!

Übrigens zum Schluss die Erklärung: was ein Mensch tun kann und ich habe Euch gesagt, ich kann nicht viel tun:

an sich weil meine Wünsche von einer gewissen Seite nur Misstrauen erregen, was, sage ich, ein Mensch tun kann, um das einst herrliche, jetzt verödete Ebersdorf nicht ganz hinsinken zu lassen, ich habe es getan, ich werde es tun. Ich habe mit der Unität verhandelt, bis jetzt erfolglos, um irgend Maßregeln zur Hebung des Ortes zu veranlassen; ich habe mich beim regierenden Hause verwendet und es scheint doch nicht ganz ohne Erfolg. Daher hiermit mein Versprechen: sollte es auf irgend eine Art für Euch nützlich werden, meine Wohnung im Schlosse meiner Ahnen aufzugeben, es wird geschehen, der leiseste Wunsch, der schon jetzt, wie ich höre, besteht, wird hinreichen, mich Euch zu diesem Opfer zu bestimmen, denn ewig bleibt mein Motto:

Volkswohl ist Fürstenlust.

Treuen-Ebersdorf! Mit blutendem Herzen, übermannt von Rührung, ein ewiges Lebewohl!

Ich erlaube Ihnen, von diesem Schreiben nach Willkür Gebrauch zu machen.

Guteborn, am 25. März 1849   Heinr. d. 72t. Fürst Reuß.

16. Tod und Begräbnis

Am 17. Februar 1853 ist Fürst Reuß Heinrich 72. im Alter von 53 Jahren in Dresden gestorben. Die Trauerfeier und Beisetzung fand in Ebersdorf statt. Kirchenrat und Superintendent Reinhold hielt die Trauerrede am Sarge seines ehemaligen Landesherrn. Als der Geistliche den "Sturm des Jahres 1848" erwähnte, "der auch über unser Land und seinen Fürsten hereinbrach", sagte er weiter:

"Ach, dass gerade diejenigen, welche er durch Wohltaten sich verpflichtet hatte, sich treulos von ihm wandten, das verwundete sein Herz tief. Da fasste er jenen Entschluss, von dem Schauplatze seines öffentlichen Wirkens abzutreten und sein angestammtes Land zu verlassen. O, wer es zu würdigen vermag, was es heißt, einen liebgewordenen Wirkungskreis im Drange der Verhältnisse aufzugeben und zu scheiden von allem, was im Laufe der Jahre uns wert und teuer geworden ist, der wird auch den Kampf ermessen, den dieser ihn gekostet hat. Und wer dazu erwägt, dass er bei der Lebhaftigkeit seines Geistes und der Erregbarkeit seines Gemüts seine Tage in der Zurückgezogenheit doppelt schmerzlich ertragen musste, der wird dem hohen Vollendeten eine Träne der Teilnahme nicht versagen können."

Für die Ebersdorfer kam der Tod des Fürsten, den sie vital und bei guter Gesundheit in Erinnerung hatten, überraschend. Und da sie es nicht glauben wollten, musste der Sarg nochmals geöffnet werden. Heinrich 72. wurde seinem ausdrücklichen Wunsch gemäß in der Familiengruft hinter der Ortskirche beigesetzt. Da der 72. der letzte seines Geschlechtes war, wurde nach seiner Beisetzung die Gruft zugemauert. Ein einfacher Erdhügel, beschattet von einer mächtigen Eiche, bezeichnet die Ruhestätte hinter der Kirche.

Heinrich 72. wird unvergessen bleiben. Er ist unsterblich gleich in dreifacher Hinsicht: zum einen durch seinen Einzug in den Himmel, wie es Superintendent Reinhold bei seiner Beisetzung versprochen hat. Zum Zweiten durch die Bereicherung der deutschen Sprache mit seiner Wortschöpfung "auf einem Prinzipe herum reiten", die bereits mehr als 150 Jahre überdauert hat und immer noch im Gebrauch ist. Und als drittes schließlich ist ein Mensch unsterblich, wenn sein Blut in Nachfahren weiterlebt. In dieser Beziehung hat Heinrich 72. selbst intensiv für seine Unsterblichkeit gewirkt. Obwohl er unverheiratet war, hat er doch eine größere Zahl von Kindern hinterlassen. Wir

wissen aus seinem Testament von sechs, für die er unmittelbar gesorgt hat. Darüber hinaus gab es eine größere Zahl, die er dadurch versorgte, dass er die werdende Mutter mit einem seiner Untergebenen verheiratete, dem er zur Entschädigung eine Anstellung verschaffte. Seitdem sind 170 Jahre vergangen. Über mehrere Generationen hat sich das fürstliche Blut weiter verteilt, wenn auch verdünnt. Deshalb dürfen wir sicher sein, dass heute in den meisten der alteingesessenen Ebersdorfer Bürger ein Stück vom alten Fürsten Heinrich 72. weiterlebt.

Literatur:

August Oberreuter: Heinrich LXXII. Reuß-Lobenstein-Ebersdorf im Lichte der Geschichte und der mündlichen Überlieferung, 1943

Paul Thomä: Niederschrift seiner Erinnerungen aus dem Oberland

Paul Kretschmer: Aus dem Leben eines fürstlichen Bruders, des Beherrschers eines Kleinstaates, des Fürsten Heinrich LXXII. Reuss-Ebersdorf, 1797-1853: Ein Beitr. z. Gesch. d. "tollen Jahres", 1931

Erinnerungen an Reuß-Lobenstein-Ebersdorf, Neueste Nachrichten aus dem Gebiet der Politik, 1870

Alfred Meißner: Charaktermasken, 2.Band, aus dem Leben eines kleinen deutschen Fürsten

Heinz-Dieter Fiedler: Lola Montez zu Besuch in Ebersdorf, 2012

unbekannt: Der Beherrscher eines Kleinstaates, in: Die Gartenlaube, 1866, Heft 38, S. 591–595

von einem höheren sächsischen Beamten: Der Beherrscher eines Kleinstaates - Teil 2, in: Die Gartenlaube, 1866, Heft 51, S. 806–808

Erwin Kressner: Als die Hirschberger kamen, in: Aus österreichischer Kadetten- und Leutnantszeit, 1902

Heinz-Dieter Fiedler: Die Kaltwasserheilanstalt in Ebersdorf-Reuß, in: Heimatjahrbuch 2009 des Saale-Orla-Kreises, S. 49-54

R. Hänsel: Das reußische Fürstenhaus und seine Beziehungen zur Brüdergemeine, in Herrnhut, Wochenblatt der Brüdergemeine, 1914, H. 5, S. 34-35

Bilder-Conversations-Lexikon, 2. Band E-L, 1838, S. 365

Hermann Julius Meyer: Neues Conversations-Lexikon für alle Stände, Band 13, 1860

Augsburger Postzeitung, 1845, S. 1066

Das Staats-Lexikon: Encyklopädie der sämmtlichen Staatswissenschaften für alle Stände, Band 11, 1848

Allgemeine Zeitung München 1845, S. 288

Hirschberger Wochenblatt, Jahrgang 1848 und 1849

Das große Conversations-Lexicon für die gebildeten Stände, Band 2, Ausgabe 5, 1850

Mittelfränkische Zeitung für Recht, Freiheit und Vaterland, 1848

Illustrierte Zeitung: Leipzig, Berlin, Wien Budapest, New York, 1847